U0909238

HBYT-JCJ-1-16

华北油田组织史资料（基层卷）

第一部　第十六卷

第一部分　房产开发公司（华北油田城市综合开发实业总公司）—
华北油田城市综合开发实业总公司（1993—2004）
第二部分　河北华北石油房地产开发有限公司（2004—2015）

河北华北石油房地产开发有限公司人事组织部 | 编

石油工业出版社

图书在版编目（CIP）数据

华北油田组织史资料．基层卷．第一部．第十六卷 / 河北华北石油房地产开发有限公司人事组织部编．北京：石油工业出版社，2025. 6. -- ISBN 978-7-5183-7582-0

Ⅰ．F426.22

中国国家版本馆 CIP 数据核字第 2025T31Z92 号

华北油田组织史资料　基层卷　第一部　第十六卷（1993—2015）
河北华北石油房地产开发有限公司人事组织部　编

项目统筹：冀宇飞　李廷璐
图书统筹：李廷璐
责任编辑：孟海军
责任校对：罗彩霞
出版发行：石油工业出版社
（北京市朝阳区安华里 2 区 1 号楼　100011）
网　址：www.petropub.com
编辑部：（010）64523611　64219117
图书营销中心：（010）64523731　64523633
印　　刷：北京中石油彩色印刷有限责任公司

2025 年 6 月第 1 版　2025 年 6 月第 1 次印刷
787×1092 毫米　开本：1/16　印张：7
字数：111 千字

定价：103.00 元

《华北油田组织史资料（基层卷）第一部　第十六卷》编审委员会

前　　言

2013年4月，按照华北油田分公司的统一要求，房地产开发公司全面启动了组织史的编纂工作。在房地产开发公司组织史编纂工作领导小组的统筹部署下，编纂办公室组织具体编纂。经过多年的努力工作，终于定稿。本书采用编年体和记事本末体相结合的方式，比较系统地回顾了从华北油田城市综合开发实业总公司到河北华北石油房地产开发有限公司时期的组织机构沿革、领导任免、人事管理、组织建设及体制改革等总体情况，比较全面、系统、客观、真实地记录和反映了房地产开发公司组织人事工作23年的发展历程。

1993年2月，为适应市场经济发展的需要，转换经营机制，进一步理顺组织机构，转变机关职能和管理方式，华北石油管理局房产开发公司成立，为管理局所属正处级单位，主要负责华北油田矿区新建公用小区的建设和管理工作。1993年4月，房产开发公司与华北油田城市综合开发实业总公司合署办公，实行一套机构两块牌子，为管理局所属全民所有制企业，实行独立核算、自主经营、照章纳税、自负盈亏。1999年7月，公司名称规范为华北油田城市综合开发实业总公司，不再使用房产开发公司的名称。2003年3月，中国石油天然气集团公司印发《关于华北油田城市综合开发实业总公司改制问题的批复》，同意华北油田城市综合开发实业总公司改制，组建有限责任公司。2004年5月，华北油田城市综合开发实业总公司改制完成，由华北石油管理局与河北华北石油工程建设有限公司共同出资，组建成立河北华北石油房地产开发有限公司。2004年以来，河北华北石油房地产开发有限公司以服务华北油田矿区居民为中心，先后完成金地花园小区，创业A、C、D、B、E区，创业阳光小区等开发项目，以及运输小区、恬苑小区等回迁房小区的开发与建设管理，圆满完成了各项工作。

截至2015年12月，河北华北石油房地产开发有限公司下设职能部门4个，直属单位4个，在册员工69人。党总支1个、党支部3个，共有党员52人。共计建成住宅楼332栋，建筑面积192.16万平方米，投资32.58亿元；东风商业街的改造创利税 1100 多万元；职工文化活动中心项目完成投资 1047.8 万元。

本书在编纂过程中，得到了华北油田分公司组织史编纂办公室以及各级领导和相关部门的大力支持和帮助，确保了编纂工作的顺利完成。在此，表示衷心的感谢！

河北华北石油房地产开发有限公司组织史资料编纂组

2017 年 12 月

凡　例

一、本书按照中国石油天然气集团公司下发的《〈中国石油组织史资料〉编纂技术规范》和华北油田分公司下发的《〈中国石油华北油田组织史资料〉编纂技术规范》进行编纂。

二、指导思想。本书以马列主义、毛泽东思想、邓小平理论、“三个代表”重要思想、科学发展观、习近平新时代中国特色社会主义思想为指导，坚持辩证唯物主义和历史唯物主义的立场、观点和方法，按照实事求是的原则和“广征、核准、精编、严审”的工作方针，以2015年12月时的华北油田分公司各所属单位为对象，追溯历史，全面客观地记述各所属单位自成立以来的组织机构演变发展历程和人事变动情况，以期发挥“资政、存史、育人、交流”的作用。

三、断限。本书收录上限始于各单位成立之日，下限断至2015年12月。

四、指代。本书中“总公司”指代中国石油天然气总公司，“集团公司”指代中国石油天然气集团公司，“股份公司”指代中国石油天然气股份有限公司，“华北油田分公司”指代中国石油天然气股份有限公司华北油田分公司，“管理局”指代华北石油管理局。“中国石油”以1988年9月中国石油天然气总公司成立为界，之前泛指中国石油工业。“华北油田”以1981年6月为界，之前泛指华北石油会战指挥部所属油田（含大港油田），之后泛指华北石油管理局与华北油田分公司。

五、资料的收录范围。本书收录的资料分3个部分：一是组织机构沿革及领导成员名录等正文收录资料；二是组织人事统计资料及其他相关人员名录等附录资料；三是组织人事大事纪要等资料。

组织机构收录范围主要是依据行政隶属关系和股权管理确定，领导名录收录范围主要是按照干部管理权限确定。具体包括：各单位的领导机构及其领导成员，机关部门、附属单位、直属单位、所属单位、控股公司领导机构及其领导班子成员。参股公司只收录属华北油田分公司（华北石油管理局）员工（职工）的董事、监事、高级经营管理人员或股东代表。

附录主要内容包括：组织机构设置序列和沿革图，局级及以上专家、技术能手，副高级以上职称等高层次人才队伍人员名录，全国及省（市）、县党代表、人大代表、政协委员名录，局级及以上先进集体、先进个人和石油英模名录，企业主要经营指标完成情况及历年人事劳资统计简表等。每卷附录收录内容依据各单位实际情况而定。

组织人事大事纪要主要收录干部任免、人事劳资、教育培训等重要组织人事业务的时间、决定机关、依据文件、主要内容或结果等。

六、资料的收录原则。党、政组织机构较详，其他组织机构较略；本级机构较详，下属组织机构较略；存续下来的机构较详，期间撤销或划出的组织机构较略；组织机构及领导成员资料较详，其他资料较略。

七、编纂结构体例。本书采取“先分阶段，再分层级，后分层次”横竖结合的方法，按卷、编、章、节、目等层次进行编纂，按机构名称设卷分册。各单位自成一卷，各卷根据内容篇幅分册。全书共分为 37 卷 40 册。其中，第 1 至第 11 卷为常规油气业务板块单位，第 12 至第 13 卷为新能源板块和对外合作板块单位，第 14 至第 16 卷为多种经营板块单位，第 17 至第 28 卷为矿区服务板块单位，第 29 至第 37 卷为生产服务及社会服务板块单位。

各卷根据本单位历史沿革分为若干编，各编第一章章下不设节，直接分条目收编具体的党政组织机构领导名录；正文其他各章以本章所收编的具体机关部门、企事业单位或具体建制单位等分别设节，节下收编具体的组织机构。一般按照机关职能部门、直属单位、所属单位性质的机构单独设一节，机关附属单位根据具体情况单独占节或收录在相应业务从属部门的节下。

各卷、编附录主要以表格或列项的形式收录。

八、本书采用文字叙述、组织机构及领导成员名录、图表相结合的编纂体例进行资料编排。

（一）组织机构沿革文字叙述的编排。本书文字叙述起连接机构、名录、图表的链条作用，主要包括综述、分述和简述。在各卷或编首写有本单位组织机构的综述，主要记述该时期本级组织机构的基本简况、沿革变化及其历史背景；下属工作机构和所属单位的机构改革、体制调整等组织沿革情况；本级组织机构在企业管理和改革、生产经营、干部和员工队伍建设、党的建设和企业文化建设等方面所采取的重大决策、重要措施及取得的主要成绩等内容。

在各章之首，写有本时期领导机构、机关工作部门、所属单位每个层次的分述，主要围绕本层次组织机构发展主线，采取编年纪事与本末纪事相结合的方式，简要概述本层次机构所涉及的重大管理体制调整、组织机构调整、业务重组整合、领导届次变化和组织机构的基本概况。

在各节或目下，分别收编具体组织机构，一般分为两部分：第一部分为该组织机构沿革的文字简述，第二部分为该组织机构及领导成员名录。简述主要记述该机构建立、撤销、分设、合并、更名、职能变化、业务划转、规格调整、体制调整的依据及结果，上级下属、内部机构设置及人员编制的变化情况，机构驻地和生产规模、工作业绩概况等。

（二）组织机构的编排顺序。一般按机构成立时间先后或编纂下限时的规范顺序排列。工作机构，按照职能部门、直属单位（派出机构列直属单位一章）均按时间顺序收编；各所属企事业单位按其成立时间先后或编纂下限时机构设置序列表为序，有明确规范排序的，按规范的顺序。

领导机构原则上在 1988 年实行局（厂）长负责制以前，按党的领导机构、纪委领导机构、行政领导机构和工会领导机构依次编排，1988 年实行局（厂）长负责制之后，按行政领导机构、党的领导机构、纪委领导机构和工会领导机构依次编排。同时，为了规范简洁，编纂时间段跨 1988 年的按照行政领导机构、党的领导机构、纪委领导机构和工会领导机构依次编排，有明确规定的按规定顺序编排。设董事会、监事会的，董事会、监事会列在行政领导机构前。收录助理、副总师的，列在工会领导机构后。

（三）领导名录的编排顺序。一般按正职、副职和任职时间先后的顺序分别排列。同为副职的，按任职先后排列；同时任职的，按任免文件中的顺序排列；上级主管部门任命时已注明排列顺序或有规范惯例的，按文件规定和当时的惯例排序；领导班子中有正、副处级巡视员及其他相应职级干部的，依次编排在行政领导班子成员名录后；提前退出领导班子现职的成员，本书未收录。

一人兼任多职的，按不同职务序列名称分别编排。除上级部门领导兼任下级职务和“安全总监”职务标注“兼任”外，其他同一人分别担任不同岗位职务时一般不标注“兼任”。

本书领导名录编排顺序不代表班子成员实际排序。

（四）其他。组织机构名称一般使用全称，名称过长或常用简称的，第一次出现时使用全称并注明之后用简称。目录和标题中的机构名称一般用规范的简称或全称。

九、本书收录的领导成员资料包括其职务（含代理）、姓名（含曾用名）、性别、少数民族族别、任职起止年月等人事状况。凡涉及女性、少数民族、兼任、主持工作、挂职、未到职或领导成员实际职务级别与组织机构规格不一致等情况的，在任职时间括号内备注。涉及同一人的备注信息，仅在该节第一次出现时加注。同一卷中姓名相同的，需标注性别或籍贯、出生年月、毕业院校等以示区别。对组织上明确设有“常务”职务的，一般单列职务名录，编排在其他副职前。

十、本书收录的组织机构及领导成员，均在其后括号内注明其存在或任职起止年月。月不详者注季，季不详者注上半年、下半年或年，年、月均不详者括号内注不详。任职上下限时间在同一年内者，标注下限时间时省略年，例如（19××.×—×）；在同一个月内者，任职时间只标注年月，例如（19××.×）。同一组织、同一领导成员，其存在或任职年月有两个或两个以上时段时期时，前后两个时期之间用“；”隔开；组织机构更名的，排列时原名称在前、新名称在后，中间用“—”连接。收录的某一组织机构，在其存在时限内，其领导成员一直空缺或不详者，分别在职务后括号内标注“空缺”或“不详”。

十一、组织机构设立和撤销时间，原则上以上级机构管理部门正式下发的文件为准；没有文件的，以工商注册或资产变更等法定程序为准。

十二、领导成员任离职时间，均以干部主管部门任免时间或完成法定聘任（选举）程序时间为准。同一个人有几级任免文件的，按干部管理权限，以主管部门任免行文时间为准。属自然免职或无免职文件的，将下列情况作为离职时间：被调离原单位的时间，办理离、退休手续的时间，去世时间，机构撤销时间，选举时落选时间，新的领导人接替时间，副职升正职的时间，随机构名称变更而职务变化的时间，刑事处罚、行政处分和纪律处分时间。确无文件依据的，经组织确认后，加以标注。此外，各职务领导接任时间不连续的，一般视为干部任免考察需要，除特殊情况外不标注。

十三、本书入编机构为以人事部门机构文件为准的常设机构，未收录各种临时机构、虚设机构、领导小组、委员会等非常设机构。

十四、本书资料收录的截止时间，不是组织机构和领导成员任职的终止时间。各组织机构一般按机构起止时间划段，分别收录在相应编（章）内；对跨限时间较短的，则集中编排在上一编（章）或下一编（章）内。同一编内，机构性质发生变化的，按照变化的时间划段，分别编排在不同章下。

十五、本书对历史上的地域、组织、人物、事件等，均使用历史称谓。中国共产党各级组织名称一般省略“中共”二字，简称为“党委”“党总支”“党支部”。收录党组织领导名录时，根据编排需要，一般省略所属单位党组织名称中“华北石油会战指挥部”“华北石油管理局”“中国石油”“中国石油天然气股份有限公司华北油田分公司”等字样。中国共产党第 × 次全国代表大会，简称为“党的 × 大”；中华人民共和国第 × 届全国人民代表大会，简称为“× 届全国人大”；中国人民政治协商会议第 × 届全国委员会第 × 次会议，简称为“全国政协 × 届 × 次会议”。

十六、本书一律使用规范的简化字。数字使用依据《出版物上数字用法》（GB/T 15835—2011），采用公历纪年，年代、年、月、日和记数、计量、百分比均用阿拉伯数字。表示概数或用数字构成的专用名词用汉字数字。货币单位除特指外，均指人民币。

十七、本书采用行文括号注和页下注。行文括号注包括领导成员的人事状况，组织的又称、简称、代称，专用语全称与简称的互注等。页下注系需要说明的问题。同一内容的注释，只在该册第一次出现时注明。

十八、本书收录的文献多为全文照录，保留原标题。篇幅较长的文献，以突出组织人事工作主线进行适当节录。对已公开出版或已经收录到文件选编的，一般只列出标题，内文省略。

十九、本书收录的资料，仅反映组织机构沿革、领导成员更迭变动和干部队伍发展变化的历史，不作为机构和干部个人职级待遇的依据。由于情况复杂，个别人员姓名和任职时限难免出现错漏和误差，有待匡正。

二十、本书各卷在本凡例之后设有“本卷编纂说明”，进一步说明该卷需要交代的具体事项。

本卷编纂说明

一、本卷为《华北油田组织史资料（基层卷）第一部　第十六卷》，收录 1993 年 2 月至 2015 年 12 月期间房产开发公司、河北华北石油房地产开发有限公司组织机构沿革、领导成员更迭和经营发展情况。

二、本卷分两部分，第一部分设领导机构、职能部门及所属单位、附录、组织人事大事纪要 4 章，第二部分设领导机构、职能部门及党支部、直属单位、附录、组织人事大事纪要 5 章。组织人事大事纪要章下不设节，按照大事纪要的体例，按时间顺序分年度逐条收录。

三、本卷组织机构及领导成员收录范围。

（一）行政领导班子成员、党组织成员、副总监、工会主席。

（二）机关职能部门、所属单位及直属单位副科级及以上干部。

（三）公司董事会、监事会组成人员。

四、附录资料。

附录收录组织机构名录、组织机构沿革图、职能部门人员简明表、直属单位人员简明表、获得高级职称人员名单、先进集体名单及先进个人名单等资料。

五、本卷特殊说明。

（一）领导任免职时间以董事会决议为准，无董事会决议的以上级单位任免职文件为准。

（二）在本卷第二部分中，由于第一届董事会材料丢失，无法确定董事会成员任职时间，故以河北华北石油房地产开发有限公司成立时间为聘任董事时间。

六、本卷原始资料主要来源：河北华北石油房地产开发有限公司档案室、华北油田分公司档案馆文书资料、华北油田分公司年鉴、工作会议资料、工作总结、统计报表等。

目　录

第二部分　河北华北石油房地产开发有限公司（2004.5—2015.12）

综　述

1993年2月，为建设和管理华北油田矿区公用小区，开发外部房地产市场，华北石油管理局成立房产开发公司。房产开发公司为华北石油管理局所属正处级单位，主要负责华北油田矿区新建公用小区的建设和管理。4月，为开拓华北石油管理局外部市场，华北油田城市综合开发实业总公司（以下简称城市综合开发总公司）成立，与房产开发公司合署办公，实行一套机构两块牌子，为华北石油管理局所属全民所有制企业，对内按照正处级单位管理。注册地点在河北省石家庄市，注册资金3000万元人民币。办公地点在河北省任丘市。主要负责城市房地产综合开发、经营及配套基础设施建设（三级），兼营建筑材料、钢材、建筑用机械设备及器材、汽车（不含小轿车）、木材、石油制品（不含液化气）、五金交电等业务。1999年7月，统一使用华北油田城市综合开发实业总公司名称，房产开发公司的名称不再使用。2003年3月，管理局对城市综合开发总公司进行改制。2004年5月，城市综合开发总公司完成改制，在河北省工商行政管理局注册成立河北华北石油房地产开发有限公司（以下简称房地产开发公司）。注册资本2000万元，其中华北石油管理局出资1400万元，河北华北石油工程建设有限公司出资600万元。注册地点在河北省任丘市，办公地点在河北省任丘市。主要负责房地产开发，建筑材料、钢材、建筑用机械设备及器材、木材、五金交电的销售以及机械设备租赁、自有房屋租赁等业务。2008年2月，华北石油管理局整体由华北油田分公司托管，房地产开发公司划转华北油田分公司，按照正处级单位管理。2010年9月，大路房地产开发有限责任公司房产开发事业部并入河北华北石油房地产开发有限公司；2012年6月，完成资产重组。到2015年，房地产开发公司注册资本4900万元。具备房地产开发二级资质，经营范围包括：房地产开发、建材和房屋的销售租赁、工程建设项目管理服务。

一、组织机构沿革

1993 年 2 月，华北石油管理局成立房产开发公司，为所属正处级单位。4 月，成立城市综合开发总公司，与房产开发公司合署办公，实行一套机构两块牌子，为管理局所属全民所有制企业，对内按照正处级单位管理。注册地点在河北省石家庄市，注册资金 3000 万元人民币，实行独立核算、自主经营、照章纳税、自负盈亏。办公地点在河北省任丘市。主要负责城市房地产综合开发、经营及配套基础设施建设（三级），兼营建筑材料、钢材、建筑用机械设备及器材、汽车（不含小轿车）、木材、石油制品（不含液化气）、五金交电等业务。

城市综合开发总公司成立时，设职能部门 5 个：项目管理部、房地产开发部、工程建设部、财务部、经理办公室。党群工作由华北石油管理局机关党委负责。5 月，成立中共城市综合开发总公司支部委员会。6 月，城市综合开发总公司工会委员会成立。

1999 年 7 月，房产开发公司名称规范为华北油田城市综合开发实业总公司，房产开发公司的名称不再使用。主要职责为承担华北石油管理局职工经济适用住房及配套设施的开发并组织建设；按照房改政策要求和华北石油管理局总体规划，编制华北石油管理局局内经济适用住房的开发计划、预决算，负责住宅工程施工管理；运用房改资金和银行贷款自行开发建设经济适用住房，统一开发、统一出售。

2003 年 3 月，城市综合开发总公司开始改制，由华北石油管理局和河北华北石油机械化工有限公司共同出资，组建有限责任公司。2004 年 3 月，城市综合开发总公司出资主体由河北华北石油机械化工有限公司变更为河北华北石油工程建设有限公司。

2004 年 5 月，城市综合开发总公司完成公司制改制，成立河北华北石油房地产开发有限公司，为华北石油管理局所属子公司，对内按照正处级单位管理。注册资本 2000 万元，其中华北石油管理局出资 1400 万元，河北华北石油工程建设有限公司出资 600 万元。注册地点在河北省任丘市，法定代表人王立民。办公地点在河北省任丘市。主要负责房地产开发，建筑材料、钢材、建筑用机械设备及器材、木材、五金交电的销售以及机械设备租赁、自有房屋租赁等业务。

2004年10月，河北华北石油工程建设有限公司将其持有的房地产开发公司25%的股份全部转让河北华北石油路桥工程有限公司。12月，河北华北石油路桥工程有限公司向房地产开发公司新增投资400万元，房地产开发公司注册资本变更为2400万元。

2008年2月，华北石油管理局整体由华北油田分公司托管，房地产开发公司划转华北油田分公司，按照正处级单位管理。

2009年6月，河北华北石油路桥工程有限公司持有的41.76%股份全部转让给华北石油管理局，房地产开发公司成为华北石油管理局的全资子公司。

2010年9月，华北油田分公司整合房地产开发业务，将房地产开发公司与河北华北石油大路房地产开发有限责任公司房产开发事业部整合后，使用河北华北石油房地产开发有限公司名称。

2011年8月，中共中国石油华北油田分公司房地产开发公司总支部委员会成立，籍明任党总支书记。

2012年6月，房地产开发公司与河北华北石油大路房地产开发有限责任公司房产开发事业部合并后，注册资本变更为4900万元。

截至2015年12月，房地产开发公司下设职能部门4个：办公室、财务部、合同法规部、综合管理部，直属单位4个：工程建设部、工程造价部、市场开发部、物业管理部。在册员工69人。公司党总支1个，下设党支部3个，共有党员52人。

二、企业经营改革与发展成就

房地产开发公司自成立以来，始终以服务油田矿区职工为中心，认真贯彻落实上级工作部署，在房地产开发、企业经营等方面取得了显著成绩。截至2015年年底，先后完成183栋7800余户，总建筑面积55.6万平方米的华北油田区域经济适用房建设；72栋3408户，总建筑面积25.9万平方米的边远队点回迁房建设；30栋3939户，总建筑面积47.2万平方米的创业

A 区建设任务。开发的金地花园小区占地 8.27 万平方米，住宅楼 25 栋 1318 户，总建筑面积 19.5 万平方米；创业家园 C、D 区，占地 12.89 万平方米，住宅楼 26 栋 3256 户，总建筑面积 44 万平方米；B、E 区和供应阳光小区占地 11.93 万平方米，住宅楼 28 栋 2050 户，总建筑面积 34.5 万平方米。

（一）住宅楼的开发建设

1. 福利房项目的开发建设

为解决华北油田矿区部分员工住房困难，根据华北石油管理局的要求，城市综合开发总公司于 1993 年 4 月开始，开发建设华北石油管理局第一个整体规划的居民住宅小区——东风五小区。

东风五小区位于华北石油管理局党校南侧，燕山道以东，由城市综合开发总公司委托天津城乡设计院设计。小区建设工程按照华北石油管理局的统一规划，分三期进行。一期工程 12 栋住宅楼从 1993 年 4 月开始准备，经过规划、设计、征地、审图、预算编制、招标、合同签订等工作，于 1993 年 8 月正式破土动工。到 1994 年末，12 栋住宅楼 780 套住宅和内部系统配套工程全部完成，达到竣工条件。二期工程 17 栋住宅楼于 1994 年 4 月开工建设，1995 年 5 月达到竣工条件。三期工程为公建项目，于 1995 年 5 月开工建设，1995 年末基本完成，小区内水、电、暖、路等系统配套工程也全部完工。至 1995 年 12 月，东风五小区开发项目全面竣工，共完成投资 9653 万元，设计面积 12.12 万平方米，建筑面积共 11.47 万平方米，其中包括 29 栋 6 层住宅楼，分 A、B、C、D、E 五种户型，共 1764 户；公用建筑面积 0.65 万平方米，包括幼儿园、文化活动室、综合商业楼、卫生所、自行车库、公厕、大门、污水泵房、配电室；围墙 940 米，小区内可绿化面积 4.83 万平方米。

2. 经济适用住房项目的开发建设

按照国家从 1998 年 7 月 1 日起停止住房实物分配的大政方针，为加快华北石油管理局员工经济适用住房的开发建设步伐，促进房改工作的进一步深化，1999 年，华北石油管理局机构编制委员会决定，重新确定城市综合开发总公司的职责范围，明确城市综合开发总公司按照房改政策要求和华北石油管理局的总体规划，承担管理局员工经济适用住房及配套设施的开发并组织建设。为城市综合开发总公司2000年首批经济适用住房的开发建设奠定基础。

首批经济适用住房工程南起辛集、北至廊坊、西至器材供应处保定库、东至青县第一机械厂，涉及华北石油管理局12个综合服务处。2000年初，城市综合开发总公司编制了全年经济适用住房开发建设计划，对开发建设的地点、规模、建设标准等有关问题做了详细安排，委托华北石油勘察设计研究院进行经济适用住房的勘察设计，并与华北石油管理局器材供应处签订了材料采购、保管、供应协议，委托其负责建筑主材的供应工作，委托河北华北石油华翔工程项目管理有限公司承担工程监理业务。同时，办理了首批52栋经济适用房的规划许可证。5月，完成经济适用住房的招投标工作，首批经济适用住房工程全面开工建设。2001年8月，城市综合开发总公司会同河北华北石油华翔工程项目管理有限公司、华北石油勘察设计研究院、华北石油管理局质量监督站及相关物业管理处对首批经济适用房工程陆续进行验收。至2001年年底，首批经济适用住房工程验收工作顺利完成并交付使用，建筑面积14.9万平方米。

2001年，城市综合开发总公司启动第二批46栋和第三批54栋经济适用住房的开发建设工作，并配合各综合服务处办理了100栋楼的规划许可证。2001年5月，第二批经济适用住房工程全面开工建设；2001年10月，第三批经济适用住房工程动工建设。到2002年，第二、第三批经济适用住房工程全部竣工，建筑面积30.69万平方米。2002年8月，城市综合开发总公司组织设计、施工、监理、华北石油管理局矿建处及有关综合服务处的专业人员组成验收小组，对第二、第三批经济适用住房及2002年竣工的17栋新建经济适用住房陆续进行验收，117栋住宅楼顺利通过验收并交付使用。2003年，完成跨年工程及2栋住宅楼的建设任务并完成竣工验收工作。

2000年5月至2003年末，城市综合开发总公司在华北油田矿区所在的廊坊、保定、沧州、任丘、河间、辛集、青县等市县的12个综合服务处，完成183栋经济适用住房的开发建设，建筑面积55.6万平方米，累计完成投资4.48亿元。

3. 商品房的开发建设

2004年，根据华北石油管理局的要求和油田房地产市场的实际需求，房地产开发公司及时调整经营发展方向，把工作重点放到商品房的开发建设上。

2004年3月，华北石油管理局决定由房地产开发公司组织专人进行市场调研及分析论证，最终决定开发金地花园住宅小区。2004年4月初，房地产开发公司分别向中国石油开发设计总公司华北分公司、北京大地国际建筑事务所和天津方标建筑设计有限公司发出竞标邀请，最终采用天津方标建筑设计有限公司的施工设计方案，并于10月初签订设计合同。在地质勘查方面，最终确定由铁道第三勘察设计院集团有限公司进行地质勘查。

2005年，金地花园住宅小区分两期开发。一期工程10栋住宅楼于2005年2月动工兴建，2006年12月主体封顶；二期工程15栋住宅楼于2006年末开发，2007年末主体封顶。至2008年末，金地花园小区住宅楼和水、电、暖、信、路等配套工程全面竣工并交付使用，高层住宅楼25栋，建筑面积19万平方米。房地产开发公司开发完成投资4.2亿。

4. 创业C、D区的开发建设

为满足任丘矿区广大无房户的住房需求，2010年6月，房地产开发公司开始建设创业家园C、D区。创业家园C、D区是以限价出售的方式为华北油田矿区无房户定向开发建设的商品房。

2010年1月，创业家园D区取得土地使用权；11月，创业家园C区取得土地使用权。随后，同时办理完成创业家园C、D区的规划许可证。

创业家园C、D区住宅楼桩基础施工的10个标段，于2011年4月开始招标，最终确定使用天津市方标建筑设计有限公司的设计方案，由任丘市华北石油华宁油田工程有限公司、天津市华正岩土工程有限公司等4家施工单位施工，由河北华北石油华翔工程项目管理有限公司负责监理工作。

住宅楼主体工程的8个标段，于2011年11月开始招标，最终确定使用天津市方标建筑设计有限公司的设计方案，由江苏南通三建集团有限公司、北京市第二建筑工程有限责任公司等8家单位施工，由河北华北石油华翔工程项目管理有限公司负责监理工作。2011年12月，住宅楼主体工程与半地下车库同步开工，于2012年12月完成主体结构。2014年10月，完成水电暖信安装及装饰装修；2014年11月竣工验收；2014年12月交付业主使用。

创业家园C、D区占地12.89万平方米，共计26栋住宅楼3256套住宅，地上最高 32 层，地下最低 2 层，建筑面积 43.80 万平方米（主体楼 37.3 万平方米、半地下车库 6.5 万平方米），完成投资 9.33 亿元。

5. 改善房的开发建设

为改善华北油田矿区居民住房条件，任丘矿区首批新建改善房项目规划建设 28 栋 2050 套住宅及 2 个地下车库，合计占地 11.93 万平方米，总建筑面积 34.5 万平方米，住宅总建筑面积 25.39 万平方米。其中，创业家园 B、E 区共占地 9.7 万平方米，住宅总建筑面积 20.43 万平方米，建设住宅 1668 套；供应阳光小区占地 2.23 万平方米，住宅总建筑面积 4.96 万平方米，建设住宅 382 套。

2012 年 5 月，办理规划许可证；6 月，华北油田首批改善房项目创业家园 B、E 区和阳光小区开工建设，并于 2016 年 4 月竣工。

2014 年 4 月，房地产开发公司与任丘市永佳房地产开发有限公司签署合作开发协议，合作开发二批改善房（东风新区）项目。东风新区位于泰山道西、北站路北、东风社区东南侧，占地 9 万平方米，总建筑面积 32.2 万平方米，规划建成住宅楼 13 栋，住宅总建筑面积 20.97 万平方米。

2015 年 5 月，东风新区开工建设。

（二）商业街及文化活动中心项目开发

1. 商业街项目的改造建设

华北油田东风商业街原是多年来自发形成的一个东西狭长的综合性商业市场，地处矿区中心地段，经营面广，客流量大，整个市场摊点杂乱，污水横流，垃圾成堆，是矿区脏乱差的典型，给居民生活和市场管理带来了极大困难。为彻底改变这种状况，根据任丘市政府及华北石油管理局城市建设总体规划的要求，城市综合开发总公司自筹资金，承担了商业街的一期改造工程。城市综合开发总公司于 1993 年 7 月至 11 月对东风路文化道至潜山道、会战道至潜山道、会战道至永丰渠和一中南路等地段进行拆迁，并完成商业街 10 栋营业楼的招标工作。1994 年初，商业街一期改造工程全面兴建。1994 年 11 月，10 栋营业楼、5 栋平房及水、电、暖、路、信等基础系统配套工程全部竣工，形成一条布局合理、功能齐全、环境优美、清洁卫生、方便经营的步行商业街。到 1995 年 12 月，所有房屋全部售出，创利税

1100 多万元。

2. 职工文化活动中心项目的建设

职工文化活动中心项目为华北石油管理局计划投资项目，包括儿童游乐场、音乐彩色喷泉、小公园、文化宫门脸装修等 4 个项目。1993 年下半年开始考察论证；11 月，完成露天广场 7000 多平方米水泥砖及舞台主体的拆除工作。1993 年末，完成文化宫、小公园施工图设计。1994 年初全面开工建设。儿童游乐场及彩色音乐喷泉于当年十一国庆节前投入使用。小公园及文化宫门脸装修两项工程于 1995 年 6 月全部完工，共完成投资 1047.8 万元。

（三）代管代建项目

1. 回迁房的开发建设

为维护华北油田矿区的稳定发展，切实解决边远矿区员工的就医、子女就学等诸多问题，华北石油管理局决定由房地产开发公司成立集资建房第一项目部，对回迁房项目工程进行建设管理。

房地产开发公司集资建房第一项目部通过招投标，最终确定由中国石油集团工程设计有限责任公司华北分公司设计、河北华北石油华翔工程项目管理有限公司负责监理业务。

华北石油回迁房工程第六综合服务处运输小区共 23 栋住宅楼，前期准备工作从 2006 年 4 月开始；2007 年 1 月开始桩基础施工，6 月初进行住宅楼主体施工。第十二综合服务处恬苑小区共 16 栋住宅楼，于 2007 年 2 月开始桩基础施工，于 6 月初进行住宅楼主体施工。

2008 年 9 月，回迁房项目工程 39 栋住宅楼全部竣工，总建筑面积 14.44 万平方米，共 1900 套住宅，投资 1.6 亿元。

2. 创业家园住宅小区 A 区的开发建设

创业家园 A 区总计 30 栋住宅楼以及一个地下车库，项目占地 17.47 万平方米，总建筑面积 47.2 万平方米，住宅建筑面积 39 万平方米，共计 3939 套住宅，完成投资 12 亿元。

房地产开发公司集资建房第一项目部对创业家园住宅小区 A 区进行建设管理，采用中国石油集团工程设计有限责任公司华北分公司的施工设计方案，由河北华北石油华翔工程项目管理有限公司负责监理业务。

2010年初，房地产开发公司通过招标，最后确定由华宁工程勘察设计有限公司、河北第二建筑装饰工程有限公司负责创业家园住宅小区A住宅楼桩基础施工。2月，住宅楼桩基础工程开始施工。

2010年9月，创业家园住宅小区A区住宅楼的主体工程开始建设，由中国建筑技术集团有限公司、江苏省苏中建设集团股份有限公司等8家施工单位施工，当年完成1～5层的主体工程。2011年9月，住宅楼主体全部封顶。2013年，住宅楼工程竣工并交付使用。创业家园A区14号、25号、29号楼获河北省2011年度结构优质工程奖。

房地产开发公司自成立以来，完成华北石油管理局福利房、经济适用住房、商品房、改善房等项目投资18.97亿元，开发面积130.52万平方米；完成东风商业街商业楼及文化活动中心等项目投资0.21亿元，建筑面积1.8万平方米；代管代建回迁房、创业A区等住宅小区项目，建设69栋住宅楼，建筑面积61.64万平方米。

三、企业建设和党建工作

（一）领导班子及干部队伍建设

坚持以“四好”为目标，强化领导班子凝聚力。以“努力建设与油田公司发展目标相适应、与矿区居民要求相符合的现代化住房小区和物业管理体系”为根本，扎实开展“四好”班子创建，进一步提升班子政治引领能力、科学决策能力、驾驭全局能力、沟通协调能力，为打造可持续发展的“华油房地产品牌”提供坚强有力的组织保证。一是加强议事制度，严格按照“三重一大”制度，认真贯彻落实党风廉政建设责任制，凡是涉及重要事项、重要人事任免和重大资金使用等议题，坚持按照“集体领导、民主集中、个别酝酿、会议决定”的程序办事，班子成员按照讲政治、讲正气、讲团结的要求，重大问题集体研究，主动接受群众监督，增加决策透明度；二是民主管理，明确领导班子职责，坚持集体领导与分工协作相结合的原则，鼓励班子成员在职责范围内大胆负责，创造性地开展工作；同时在工作中相互协作，切实做到分工不分家、分责不分心，形成班子成员个人工作职责、班子总体目标与公司发展战略相互支撑的责任链。

公司改制后，通过抓领导班子建设，推动党风廉政建设的深入开展，强化党的基层组织建设，打造高素质的党员队伍。一是把廉洁自律作为做好党风廉政建设的基础工作，通过坚持理论学习中心组学习制度、建立领导干部理论学习情况通报制度、对领导干部理论学习情况进行考核等几个方面，增强干部员工的廉洁意识，提高廉政建设理论水平。二是坚持以勤勉高效、廉洁自律为重点，不断加强自身建设。公司成立之初，针对中国共产党中央纪律检查委员会的“五条禁令”要求及华北石油管理局党委要求的“十不准”，制定了《华北石油管理局房产开发公司廉政措施》，要求领导干部按照相关规定，规范自己的行为。公司领导班子通过坚持民主集中制，执行民主生活会制度，建立严格的管理约束机制。落实领导班子思想政治建设责任制，明确党政主要领导对本单位领导班子思想政治建设和党风廉政建设担负主要领导责任。2011 年，公司把做好“三重一大”工作作为深入开展党风廉政建设工作的切入点，结合实际，抓好“三重一大”制度的落实，在工作中坚持民主集中制原则，凡是涉及员工切身利益和重大事项的决策，严格按议事规则办事，上下结合，集思广益，提高决策水平。认真贯彻落实党风廉政建设责任制，严格执行厂务公开制度，在工程招投标、建材采购、工程款拨付及业务执行费使用等工作中，严格执行各项管理规定和制度，主动接受员工监督，增加工作透明度，同时定期听取党员和群众的意见，不断改进工作，从制度上杜绝和防止腐败行为的发生。

（二）人才队伍建设

房地产开发公司始终重视人才队伍的建设工作，根据发展需要和工作业务的实际需求，建立和完善人才培养机制，制订有效的人才培养与开发计划，合理挖掘、开发培养战略后备人才队伍，建立人才梯队，满足公司发展对人才的需求，为公司的可持续发展提供有力保障。

1. 重视人才队伍建设，加强青年人才培养

房地产开发公司自成立以来，通过企业分配、自身培养、人才交流等方式，不断扩大人才队伍，有效缓解了专业技术人才紧缺的状况。专业技

术人才和管理人才由房地产开发公司由成立之初的 29 人，发展至 2015 年末的 69 人，其中大专以上文化程度的 61 人，取得高级技术职称的 5 人，取得中级技术职称的 36 人。为进一步调动青年的工作积极性，房地产开发公司努力营造公平与民主的工作环境，大胆提拔优秀青年，加大科级干部业务交流力度，坚持选拔标准，任用德才兼备、勇于担当的干部，2013 年至 2014 年配合华北油田分公司组织部选拔副处级干部 1 名、副科级干部 3 名，2015 年交流选拔正科级专职党支部书记 2 名。同时进一步明确岗位职责、规范工作制度，通过学习交流，提高了干部的整体素质。积极改善生活和工作条件，解决人才队伍的后顾之忧。同时，抓好人才队伍综合素质的提高，鼓励青年快速成长，从而优化人才队伍的结构。2002 年，房地产开发公司新入职员工 8 人，有 7 人为大专以下学历，到 2012 年均获得大专及以上学历，并有多人分别自学考取了一级、二级建造师资格证，监理工程师证，造价工程师，注册咨询师，招标师，税务师，企业法律顾问等资格证书。截至 2015 年末，共有 49 人通过自学、函授等学习形式取得了大专及以上学历。

2. 建立完善人才培养机制，加强培训制度的落实

为提高全体员工的工作能力，提高工作效率，建立了培训制度，并根据发展和开发建设的需要，及时对培训制度进行补充和完善。在培训方法上，以员工培训为主线，采取多种方式开展综合业务能力培训，突出培训的针对性、实效性、灵活性，注重学以致用，提高了人才队伍的整体素质。有计划、有步骤、分层次地组织公司各类骨干人才到兄弟单位和先进企业参观交流，学习先进管理经验和新技术工艺。注重在实践中培养人才，让人才在生产经营管理和科技进步中担当重任，促进各类人才成长进步。自公司成立以来，每年培训人员覆盖率均超过 80%。

（三）党建与思想政治工作

房地产开发公司自成立后，始终注重党的组织建设和思想作风建设，促进各项改革措施的落实和企业的健康发展，立足实际，形成一套脉络清晰的党建思路和思想政治工作方法，培育和建设了一支思想觉悟高、技术过硬、勇于为多种经营事业奉献的队伍。

思想教育常抓不懈。始终把思想政治工作放在重要位置，坚持开展政治理论教育，学习马克思列宁主义、毛泽东思想及党的重要理论和会议精神，强化理论基础。各级领导干部的政治意识、大局意识、核心意识、看齐意识明显增强。

1. 加强党的基层建设，健全各项制度规范

城市综合开发总公司党支部自成立以来，积极履行组织职能，加强思想政治工作，深入开展形势任务教育活动，始终按照新时期企业党的建设和思想政治工作的要求，加强组织建设和思想作风建设，面向全体员工，宣传党的路线、方针、政策。为更好地开展党的基层组织建设，加强党的领导，切实发挥基层党组织战斗堡垒作用和党员的先锋模范作用，2011 年，房地产开发公司党总支成立，下设 3 个党支部。房地产开发公司领导班子认真履行党建和思想政治工作职能，积极推进公司党建工作，建立健全了党员信息库等一系列相关性基础台账，强化制度建设，加大基础管理力度。各支部及时建立健全了党员信息库等一系列相关性基础台账，修订和完善了一批基础性规章制度，大力加强基础工作和制度化建设，健全各项制度和管理规范，进一步完善了学习制度、“三会一课”制度、党员思想汇报等一系列操作性强、涵盖面广、针对性强的工作制度，确保了各项工作的有序开展。

2. 加强组织堡垒建设，深化党员干部教育

各支部始终坚持服务改革、服务发展、服务民生、服务群众、服务党员的总纲领，深入贯彻落实华北油田分公司关于全面深化改革的部署要求，对党员干部进行理想道德、思想品德、职业道德教育，增强党性观念、宗旨观念和群众观念，积极强化党员干部的先锋意识、责任意识和岗位意识。按照华北油田分公司党的群众路线教育实践活动方案要求，党总支积极谋划，科学部署，认真制定了实施方案和工作运行表，及时组织召开动员部署会，并下发专题辅导等学习材料，把教育实践活动各项任务措施落到实处。为使活动收到较好的效果，通过深入工地、班组调研、下发调查问卷、访谈、召开座谈会等多种形式，广泛征集员工群众的意见和建议，召开“反对‘四风’，加强反腐倡廉建设”专题讨论，把党的学习教育实践活动向纵深推进。同时，按照党的学习教育实践活动阶段安排，结合实际情况，广泛开展了民主评议党支部、民主评议党员的“双评”工作，细化了公司关

于“四风”可能存在的18个表象问题，组织党员群众开展评议工作。采取先自评后互评的形式，党组织和广大党员对照标准，查找自身差距，明确努力方向，制定具体措施，组织召开专题民主生活会和“集中解决员工群众意见专题会议”，公开评议情况，对员工群众反映的具体问题，逐个进行答复和解释，收到了满意的效果。通过评议，强化了服务意识、质量意识、安全意识、品牌意识、诚信意识等“五种意识”，有效促进党建整体水平不断提高。按照上级要求，党总支认真查摆问题，立行立改，要求各成员认真撰写对照检查材料，严格审核把关，本着“规定动作做到位、自选动作有特色”的要求，及时组织广大党员干部在学习领悟上下“实功”、查摆问题时讲“实情”、改善作风中出“实招”。

通过“五个在一线”实现党员干部的“五个进一步”。即做到调查研究在一线、发现问题在一线、解决问题在一线、制定措施在一线、服务群众在一线，使党员干部思想进一步提高、作风进一步转变、党群干群关系进一步密切、为民务实清廉形象进一步树立、党组织创造力凝聚力进一步增强；开展“党员活动日”活动，各党支部把握要求，细化责任，明确主题，紧紧围绕生产经营中心任务，突出“民主议事、推进工作、组织生活、学习教育、为民服务”等主题，开展了形式多样的活动。围绕员工群众的需求和意愿提供服务，知员工情、答员工疑、解员工难、聚员工心，团结带领员工群众共同创造幸福美好生活。实行党员承诺践诺制度。党总支要求广大党员在日常工作中亮身份、亮职责、亮承诺，比履职能力、比服务水平、比工作业绩，提高服务质量，展示良好形象。严格党员发展程序，积极开展入党积极分子集中培训。把好党员发展的“入口关”，按照“控制总量、优化结构、提升质量”的原则，严格履行组织程序，仔细审核发展对象条件，实施入党积极分子推荐制和党员发展票决制，不断规范发展党员工作程序，充分体现了基层党建工作的民主透明度。到2015年末已有党员53人，占员工总数的76.8%。

3. 开展主题教育活动，加强廉洁意识

公司持续开展主题教育活动，使党员、干部和广大员工在活动中净化心灵、升华思想、锤炼党性。通过领导班子成员带头学党章、上党课和组织廉洁警示教育，弘扬党的优良传统和作风，增强了领导干部的党性修养，全面提升干部队伍的综合素质。以开展创建“四好”领导班子活动为载体，提升班子的领导水平和“五种领导管理能力”。通过开展各种主题教育活动，公司党政领导进一步密切党群干群关系，强化机关作风建设，建立和完善了机关作风建设的长效机制，有力地促进了领导干部科学、民主决策水平的提高。

第一部分

房产开发公司（华北油田城市综合开发实业总公司）——华北油田城市综合开发实业总公司

（1993.2—2004.5）

第一章　领导机构

1993 年 2 月，为建设和管理华北油田矿区公用小区，开发外部房地产市场，华北石油管理局决定，成立房产开发公司（正处级）。3 月，华北石油管理局党政领导联席会议研究决定，霍国昌任房产开发公司经理，许德兴任房产开发公司副经理。4 月，华北油田城市综合开发总公司成立，与房产开发公司实行一套机构两块牌子，霍国昌任总经理，许德兴、刘胜利任副总经理，于霖泽任总会计师。

5 月，城市综合开发总公司党支部成立，刘胜利、吕旭峰任党支部委员，霍国昌任党支部书记，许德兴、崔慧荣任党支部副书记。

6 月，城市综合开发总公司工会委员会成立，崔慧荣任工会主席。

8 月，城市综合开发总公司明确了领导分工：总经理霍国昌负责公司全面工作，主管经理办公室、财务部；副总经理许德兴协助总经理抓好各项工作，主管项目管理部、工程建设部；副总经理刘胜利主抓北海市利闻花园工程和岑溪矿业公司；总会计师于霖泽负责公司的经营管理、多种经营及财务部的业务领导工作，主管房地产开发部。

1994 年 5 月，于霖泽调任华北石油管理局财务处住房资金管理中心主任。

12 月，华北石油管理局批复同意许德兴提前退休。

1999 年 2 月，华北石油管理局同意刘胜利辞去城市开发总公司副总经理职务。

7 月，房产开发公司规范名称为华北油田城市综合开发实业总公司，霍国昌任总经理、党支部书记。

2000 年 4 月，华北石油管理局党政领导联席会研究决定，籍明任副总经理兼总工程师，吕旭峰任副总经理，石伟任总会计师。

12 月，华北石油管理局房产开发公司党支部改选，籍明、石伟、刘欣录任党支部委员，霍国昌任党支部书记，吕旭峰任党支部副书记。

2001 年 12 月，华北石油管理局党政领导联席会议研究决定，免去霍国昌的城市综合开发总公司总经理职务。

2004 年 5 月，华北石油管理局对城市综合开发总公司进行改制，撤销城市综合开发总公司，成立房地产开发公司。

一、房产开发公司（1993.2—4）

经　　理　霍国昌（1993.3—4）

副 经 理　许德兴（1993.3—4）

二、房产开发公司（城市综合开发总公司）（1993.4—1999.7）

（一）行政领导名录（1993.4—1999.7）

总 经 理　霍国昌（1993.4—1999.7）

副总经理　许德兴（1993.4—1994.12）[①]

刘胜利（1993.4—1999.2）[②]

总会计师　于霖泽（1993.4—1994.5）[③]

（二）党支部领导名录（1993.5—1999.7）

书　　记　霍国昌（1993.5—1999.7）

副 书 记　许德兴（1993.5—1994.12）

崔慧荣（1993.5—1999.7）

委　　员　霍国昌（1993.5—1999.7）

许德兴（1993.5—1994.12）

崔慧荣（1993.5—1999.7）

刘胜利（1993.5—1999.2）

吕旭峰（工程建设部经理，1993.5—1999.7）

（三）工会领导名录（1993.6—1999.7）

主　　席　崔慧荣（1993.6—1999.7）

---

① 1994 年 12 月，许德兴退休。

② 1999 年 12 月，刘胜利辞去副总经理职务。

③ 1994 年 5 月，于霖泽调任管理局财务处住房资金管理中心主任。

三、华北油田城市综合开发实业总公司（1999.7—2004.5）

（一）行政领导名录（1999.7—2004.5）

总　经　理　霍国昌（1999.7—2001.12）①

副总经理　籍　明（2000.4—2004.5）

　　　　　　　吕旭峰（2000.4—2004.5）

总会计师　石　伟（2000.4—2004.5）

总工程师　籍　明（2000.4—2004.5）

（二）党支部领导名录（1999.7—2004.5）

书　　　记　霍国昌（1999.7—2001.12）②

副　书　记　崔慧荣（1999.7—2000.12）

　　　　　　　吕旭峰（2000.12—2004.5）

委　　　员　吕旭峰（1997.7—2004.5）

　　　　　　　霍国昌（1999.7—2001.12）

　　　　　　　崔慧荣（1999.7—2000.12）

　　　　　　　籍　明（2000.12—2004.5）

　　　　　　　石　伟（2000.12—2004.5）

　　　　　　　刘欣录（2000.12—2004.5）

（三）工会领导名录（1999.7—2004.5）

主　　　席　崔慧荣（1999.7—2004.5）

---

① 2001 年 12 月至 2004 年 5 月，城市综合开发总公司总经理空缺，由副总经理籍明主持工作。

② 2001年12月至2004年5月，城市综合开发总公司党支部书记空缺，由党支部副书记吕旭峰主持工作。

第二章　职能部门及所属单位

1993年4月，城市综合开发总公司成立，下设部室5个：项目管理部、房地产开发部、工程建设部、财务部、经理办公室。

1993年6月，城市综合开发总公司向华北石油管理局贷款300万元，于8月正式注册成立城市综合开发总公司岑溪矿业公司。

1995年3月，房地产开发部更名为建材供应部，更名后机构定员不变。

1998年12月，城市综合开发总公司买断人民日报社广西壮族自治区北海市“利闻花苑”工程项目，成立华油北海房地产开发中心。

1999年4月，综合计划部成立。

2004年5月，华北石油管理局对城市综合开发总公司完成改制，撤销城市综合开发总公司，成立房地产开发公司。

第一节　项目管理部（1993.4—2004.5）

1993年4月，城市综合开发总公司成立项目管理部，机构规格为正科级。项目管理部设经理1人，在册员工5人。经城市综合开发总公司经理会议研究决定，刘述科任项目管理部经理。

项目管理部的主要职责是：

（一）负责项目开发前期论证、规划、设计委托和组织方案审查，土地购置；

（二）负责市场信息收集、编制工程造价、标底审查，预、结算，参与决算审查；

（三）组织相关部门对设备建材进行市场调研，组织考察生产厂家和供货单位，组织对工程所需的设备、建材进行招投标工作；

（四）负责审查施工过程中签订的施工技术合同和建材合同；

（五）负责计划、统计工作。

1995 年，项目管理部制定了《基建工程管理流程》，为规范基建项目在实施过程中质量、成本、进度、安全的管理奠定了基础。

1996 年 3 月，华北石油管理局干部处决定，张凤龙任项目管理部副经理。

1995 年 11 月，经华北石油管理局干部处研究，同意刘述科提前退休。

1999 年 5 月，经华北石油管理局人事劳资处决定，张凤龙任项目管理部经理。

2004 年 5 月，华北石油管理局对城市综合开发总公司完成改制，成立房地产开发公司。

截至 2004 年 5 月，项目管理部在册员工 5 人，其中经理 1 人、一般管理人员 4 人。

经　　理 刘述科（1993.4—1995.11）
张凤龙（1999.5—2004.5）
副 经 理 张凤龙（1996.3—1999.5）

第二节 房地产开发部—建材供应部（1993.4—2004.5）

1993 年 4 月，城市综合开发总公司成立房地产开发部，机构规格为正科级。房地产开发部设经理 1 人，在册员工 7 人。经城市综合开发总公司经理会议研究决定，赵玉成任房地产开发部经理。

房地产开发部的主要职责是：

（一）负责对外开发市场的信息收集，提供开发项目，参与可行性论证及规划、设计方案审查；

（二）参与对外开发项目，签订协议书；

（三）负责对外开发项目的施工图审查、施工现场及技术管理；

（四）负责工程质量的监督、检查，办理委托；

（五）负责现场协调，检查进度，派驻工地代表，行使甲方职权；

（六）负责组织竣工验收。

1995 年 3 月，华北石油管理局劳动工资处同意，房地产开发部更名为建材供应部，机构定员不变。

更名后，主要职责是：

（一）设备及建材市场的考察，组织设备建材采购的招投标工作，并签订供货合同；

（二）负责设备建材供应的计划管理、采购资金的使用和管理、进场设备材料的验收发放工作；

（三）负责设备建材的稽核统计工作。

2001 年 9 月，城市综合开发总公司经理会议决定，刘欣录兼任建材供应部经理。

2004 年 5 月，华北石油管理局对城市综合开发总公司完成改制，成立房地产开发公司。

截至 2004 年 5 月，建材供应部在册员工 6 人，其中经理 1 人、一般管理人员 3 人、操作技能人员 2 人。

经　　理　赵玉成（1993.4—2001.9）

　　　　　　刘欣录（兼任，2001.9—2004.5）

第三节　工程建设部（1993.4—2004.5）

1993 年 4 月，城市综合开发总公司成立工程建设部，机构规格为正科级。工程建设部设经理 1 人，在册员工 7 人。经城市综合开发总公司经理会议研究决定，吕旭峰任工程建设部经理。

工程建设部的主要职责是：

（一）负责组织编制工程组织运作计划和施工管理计划，参与施工前期准备工作；

（二）负责检查施工现场管理，施工技术管理；

（三）负责监督施工单位安全生产和文明施工；

（四）负责组织审查施工设计，协调监督施工进度，签认工程进度凭证，审查、办理确认设计变更和工程洽商文件；

（五）负责组织工程竣工验收、交付使用和工程保修，监理检查竣工资料的收集、整理和上报工作。

2001 年 4 月，经华北石油管理局人事劳资处决定，贾铁成任工程建设部经理。

2004 年 3 月，贾铁成调至河北华北石油天成实业集团有限公司。

2004 年 5 月，华北石油管理局对城市综合开发总公司完成改制，成立房地产开发公司。

截至 2004 年 5 月，工程建设部在册员工 7 人，其中经理 1 人、一般管理人员 4 人、操作技能人员 2 人。

经　　理　吕旭峰（1993.4—2001.4）
贾铁成（2001.4—2004.3）

第四节　财务部（1993.4—2004.5）

1993 年 4 月，城市综合开发总公司成立财务部，机构规格为正科级。财务部设经理 1 人，在册员工 3 人。经城市综合开发总公司经理会议研究决定，石伟任财务部经理。

财务部的主要职责是：

（一）负责编制和执行预算、财务收支计划，拟订资金筹措和使用方案；

（二）负责资金的筹集及管理；

（三）负责经济活动分析及成本核算；

（四）负责工程价款决算；

（五）负责财务管理；

（六）负责产品销售；

（七）负责各种财务报表的报送。

2001 年 4 月，经华北石油管理局人事劳资处决定，陈伟任财务部副经理。

2004 年 5 月，华北石油管理局对城市综合开发总公司完成改制，成立房地产开发公司。

截至 2004 年 5 月，财务部在册员工 5 人，其中经理 1 人、一般管理人员 2 人、操作技能人员 2 人。

经　　理　石　伟（1993.4—2001.4）

副 经 理　陈　伟（2001.4—2004.5）

第五节　经理办公室（1993.4—2004.5）

1993 年 4 月，城市综合开发总公司成立经理办公室，机构规格为正科级。经理办公室设经理 1 人，在册员工 5 人。经城市综合开发总公司经理会议研究决定，崔慧荣任经理办公室主任。

经理办公室的主要职责是：

（一）协助总经理、副总经理处理日常行政事务，协调各部门工作；

（二）负责人事管理及党、团、工会组织的管理工作；

（三）负责文书档案、秘书、资料管理及打字复印工作；

（四）负责公司的车辆管理和总务后勤工作的管理；

（五）负责组织编制公司年鉴、工作计划、工作报告和工作总结；

（六）全面负责对外联络、会议组织及接待工作。

2004 年 5 月，华北石油管理局对城市综合开发总公司完成改制，成立房地产开发公司。

截至 2004 年 5 月，经理办公室在册员工 4 人，其中经理 1 人、一般管理人员 2 人、操作技能人员 1 人。

主　　任　崔慧荣（1993.4—2004.5）

第六节　综合计划部（1999.4—2004.5）

1999 年 4 月，为加快商品房开发，尽快完成商品房开发前期准备工作，按照华北石油管理局的批示，城市综合开发总公司成立综合计划部，机构规格为正科级。综合计划部设经理 1 人，在册员工 5 人。

综合计划部的主要职责是：

（一）负责管理局房产开发任务管理、广告宣传、成本核算、房屋预售工作和产权产籍证书的办理；

（二）负责制定房产开发计划、规划；

（三）负责办理房产开发征地手续，协调与地方的关系；

（四）负责房产开发的统计、信息管理。

5 月，经华北石油管理局人事劳资处处务会研究决定，高凤荣任综合计划部经理；王承艳任综合计划部副经理。

2000 年 9 月，高凤荣与公司有偿解除劳动关系，公司免去其综合计划部经理职务。

2001 年 4 月，经华北石油管理局人事劳资处决定，孙鲜军任综合计划部副经理。

2003 年 10 月，王承艳调至中国石油天然气勘探开发公司。

2004 年 5 月，华北石油管理局对城市综合开发总公司完成改制，成立房地产开发公司。

截至 2004 年 5 月，综合计划部在册员工 5 人，其中副经理 1 人、一般管理人员 2 人、操作技能人员 2 人。

经　　理　高凤荣（1999.5—2000.9）

副 经 理　王承艳（1999.5—2003.10）

孙鲜军（2001.4—2004.5）

第七节　岑溪矿业公司（1993.8—2001.7）

为进一步拓宽公司创收渠道，提高经济效益，1993 年 6 月，城市综合开发总公司向华北石油管理局贷款 300 万元，于 8 月 5 日正式注册成立城市综合开发总公司岑溪矿业公司，注册资金 300 万元。注册地点、办公地点在广西壮族自治区岑溪市。岑溪矿业公司为公司下属科级单位，主要经营花岗岩矿山开采、石材加工与销售。为方便开展业务，经当地工商部门同意，岑溪矿业公司又挂了“广西岑溪县华溪花岗岩矿”及“广西岑溪县华溪矿业公司土石方工程队”两块牌子，均为具有法人资格的全民所有制企业，刘胜利为法定代表人。岑溪矿业公司设经理、副经理各1人，定员7人。

房产开发公司（城市综合开发总公司）副总经理刘胜利兼任岑溪矿业公司经理。

1994年，城市综合开发总公司岑溪矿业公司投资40万元，成立了板材厂、锯厂，并于当年收回投资。

1995年7月，华北石油管理局干部处决定，吴兆宏任城市综合开发总公司岑溪矿业公司副经理。

1999年5月，华北石油管理局人事劳资处决定，吴兆宏任华油北海房地产开发中心经理，免去其岑溪矿业公司副经理职务。

2001年7月，由于经营管理不善，经华北石油管理局王立民副局长批示，注销城市综合开发总公司岑溪矿业公司。

截至2001年7月，岑溪矿业公司在册员工6人，其中经理1人、一般管理人员3人、操作技能人员2人。

经　　理　刘胜利（兼任，1993.8—1999.2；1999.2—2001.7）

副 经 理　吴兆宏（1995.7—1999.5）

第八节　华油北海房地产开发中心（1998.12—2004.5）

1993年，为拓展华北油田外部市场，华北石油管理局组织有关部门负责人赴广西壮族自治区北海市进行实地考察。经考察，管理局决定与人民日报社利闻（北海）事业发展公司及天港发展有限公司合作开发北海利闻花苑工程。北海利闻花苑工程位于北海市疏港大道以北，外语学院东侧，占地15000平方米。管理局指定城市综合开发总公司具体实施这一项目。城市开发总公司成立项目部负责筹集项目资金的50%和项目的实施管理；人民日报社利闻（北海）事业发展公司负责征地，办理项目开工、房产销售等有关手续；天港发展有限公司负责筹集项目资金的50%。

1993年下半年，国家对国民经济实行宏观调控，明确提出严格控制房地产开发，房地产市场走向低谷，房产出售工作遇到困难，北海利闻花苑工程暂停施工，城市开发总公司施工管理人员于 1995 年撤离北海市。为尽快收回资金，应华北石油管理局的要求，1998 年 12 月，城市开发总公司买断广西壮族自治区北海市“利闻花苑”工程项目，成立华油北海房地产开发中心，为公司下属科级单位。注册地点在广西壮族自治区北海市，办公地点在河北省任丘市。主要负责北海利闻花苑小区的开发及资产处置事务。华油北海房地产开发中心设经理、副经理各 1 人。

1999 年 5 月，华北石油管理局人事劳资处决定，吴兆宏任华油北海房地产开发中心经理，免去其岑溪矿业公司副经理职务；刘天夫任华油北海房地产开发中心副经理。

2001 年 4 月，华北石油管理局人事劳资处决定，刘欣录任华油北海房地产开发中心经理。

截至 2004 年 5 月，华油北海房地产开发中心在册员工 5 人，其中经理 1 人、一般管理人员 2 人、操作技能人员 2 人。

经　　理　吴兆宏（1999.5—2001.4）[①]

刘欣录（2001.4—2004.5）

副 经 理　刘天夫（1999.5—2004.5）

① 1998 年 12 月至 1999 年 5 月，华油北海房地产开发中心经理空缺。

第三章　附　　录

第一节　1993年4月城市综合开发总公司组织机构名录

单　　位		所在地
职能部门（5个）		
1	项目管理部	河北省沧州市任丘市
2	房地产开发部	河北省沧州市任丘市
3	工程建设部	河北省沧州市任丘市
4	财务部	河北省沧州市任丘市
5	经理办公室	河北省沧州市任丘市

第二节　1993—2004年城市综合开发总公司组织机构沿革图

图例说明

1. 本图主要按编年记事的方式简要绘制组织机构的沿革变化，主要包括机构的成立、更名、合并、拆分、撤销、划转、托管、业务重组整合等事项。

2. 本图中机构沿革变化以“机构名称”中首字对应年份为时间节点。机构名称在一年中发生多次变更的，只显示最终名称。

3. 机构延续用“⟶”符号表示；撤销用“||”符号表示。

4. 具体图例符号使用详见每页机构沿革图下的图例说明。

城市综合开发总公司组织机构沿革图

1993.4 → 1993.8 → 1995.3 → 1998.12 → 1999.4 → 2001.7 → 2004.5（时间）

1.职能部门

房地产开发部 → 建材供应部 → 建材供应部

项目管理部 → 项目管理部

工程建设部 → 工程建设部

财务部 → 财务部

经理办公室 → 经理办公室

综合计划部 → 综合计划部

2.所属单位

岑溪矿业公司 →|

华油北海房地产开发中心 → 华油北海房地产开发中心

图例说明	→：延续	→|：撤销

第三节　2004年5月城市综合开发总公司组织机构名录

单　位		所在地
一、职能部门（6个）		
1	项目管理部	河北省沧州市任丘市
2	建材供应部	河北省沧州市任丘市
3	工程建设部	河北省沧州市任丘市
4	财务部	河北省沧州市任丘市
5	经理办公室	河北省沧州市任丘市
6	综合计划部	河北省沧州市任丘市
二、所属单位（2个）		
1	岑溪矿业公司	广西壮族自治区岑溪市
2	华油北海房地产开发中心	广西壮族自治区北海市

第四节　获得高级职称人员名单

高级工程师：

杨延芳　　杨祖庆

第五节 城市综合开发总公司职能部门人员简明表

一、项目管理部（1993.4—2004.5）

部门名称	员工名录
项目管理部 （1993.4—2004.5）	王承艳（1993.4—1999.5） 杨延方（1993.4—2004.5） 田家怀（1993.4—1994.4） 张晓东（1993.4—2003.5） 刘佳安（1993.4—1998.12） 刘天夫（1993.4—1999.5）

二、房地产开发部—建材供应部（1993.4—2004.5）

部门名称	员工名录
房地产开发部 （1993.4—1995.3）	刘仁杰（1993.4—1995.3） 田宝顺（1993.4—1995.3） 高凤荣（1993.4—1995.3） 王书民（1993.4—1995.3） 殷占杭（1994.4—1995.3） 刘大军（1993.11—1995.3） 杨景富（1993.4—1995.3） 吴兆宏（1993.4—1995.3） 宋 辉（1993.12—1995.3）
建材供应部 （1995.3—2004.5）	高凤荣（1995.3—2000.12） 殷占杭（1995.3—2004.5） 杨景富（2001.7—2002.12） 吴兆宏（1995.3—7） 刘欣录（2000.8—2001.9） 刘大军（2001.7—2004.5） 田忠年（1995.3—2004.5） 宋 辉（1995.3—2004.5） 陈建民（2002.1—2004.5） 段云霞（2002.8—2004.5）

三、工程建设部（1993.4—2004.5）

部门名称	员工名录
工程建设部 （1993.4—2004.5）	陈常斌（1993.4—2004.5） 张 雁（1993.4—2004.5） 杨祖庆（1993.4—2004.5） 洪 伟（1993.4—2004.5） 吴振江（1993.4—2004.5） 陈 玲（1993.4—2004.5） 王新建（1993.4—2004.5）

四、财务部（1993.4—2004.5）

部门名称	员工名录	
财务部 （1993.4—2004.5）	刘忆华（不详） 倪利卫（1993.4—2004.5） 秦志明（1993.4—2004.5） 陈　伟（1993.4—2001.4）	魏庆年（不详） 李督实（1993.4—2004.5） 贾振龙（1997.1—2004.5）

五、经理办公室（1993.4—2004.5）

部门名称	员工名录	
经理办公室 （1993.4—2004.5）	武静贞（1993.4—2004.5） 卢居安（1993.4—2004.5）	崔景彦（1993.4—2004.5） 王新全（1993.4—2002.11）

六、综合计划部（1999.4—2004.5）

部门名称	员工名录	
综合计划部 （1999.4—2004.5）	田家怀（1994.4—2004.5） 赵　岳（2002.8—2004.5）	周晓松（2002.8—2004.5）

第四章　组织人事大事纪要

一九九三年

二　月

2 月 22 日　按照华北石油管理局整体改革方案的要求，成立房产开发公司（正处级），负责新建公用小区的建设和管理，以及管理局对外房地产开发。【华油劳字〔1993〕48 号】

三　月

3 月 6 日　华北石油管理局党政领导联席会议研究决定，霍国昌任房产开发公司经理；许德兴任房产开发公司副经理。【华油干字〔1993〕74 号】

四　月

4 月 1 日　华北石油管理局决定，成立"华北油田城市综合开发实业总公司"，与"华北石油管理局房产开发公司"合署办公。公司下设四部一室：项目管理部、房地产开发部、工程建设部、财务部、经理办公室，定员 68 人，总经理 1 人（兼局房产开发公司经理），副总经理 3 人（其中 1 人兼局房产开发公司副经理），总工程师、总经济师、总会计师各 1 人。公司为国营性质，生活后勤依托机关事务管理处，实行独立核算、自主经营、照章纳税、自负盈亏。【华油劳字〔1993〕138 号】

4 月 23 日　华北石油管理局党政领导联席会议研究决定，霍国昌任城市综合开发总公司总经理；许德兴、刘胜利任城市综合开发总公司副总经理；于霖泽任城市综合开发总公司总会计师。【华油干字〔1993〕187 号】

4 月 23 日　城市综合开发总公司经理会议决定：崔慧荣任经理办公室主任、刘述科任项目管理部经理、赵玉成任房地产开发部经理、吕旭峰任工

程建设部经理、石伟任财务部经理。【华油城开字〔1993〕01 号】

五　月

5 月 26 日　中国共产党华北石油管理局机关委员会批复，同意成立城市综合开发总公司党支部及其委员会的选举结果。党支部委员会由 5 名委员组成：霍国昌、许德兴、崔慧荣、刘胜利、吕旭峰。霍国昌任党支部书记；许德兴、崔慧荣任党支部副书记。【华油机党〔93〕18 号】

六　月

6 月 15 日　华北石油管理局机关工会委员会批复，城市综合开发实业总公司工会委员会由 5 名同志组成：崔慧荣、田家怀、武静贞、张凤龙、田忠年。崔慧荣任工会主席，田家怀任工会副主席。【华油机工〔93〕11 号】

八　月

8 月 20 日　华北石油管理局批复，同意成立华北油田城市综合开发实业总公司岑溪矿业公司。公司性质为全民所有制，实行独立核算、自主经营、照章纳税、自负盈亏。刘胜利兼任岑溪矿业公司经理。【华油办字〔1993〕399 号】

本年末　城市综合开发总公司在册员工 33 人。【1993 年华北石油管理局劳动工资统计报表】

一九九四年

五　月

5 月 23 日　华北石油管理局决定，聘任于霖泽为住房资金管理中心主任，免去其华北油田城市综合开发实业总公司总会计师职务。【华油干字 1994 第 224 号】

十 一 月

11 月 28 日　华北石油管理局干部处处务会决定，崔慧荣任经理办公室主任、赵玉成任房地产开发部经理、吕旭峰任工程建设部经理、石伟任财务部经理。【华油干处字〔1994〕53 号】

十 二 月

12 月 3 日　华北石油管理局批复，同意许德兴提前退休；同意孙维华退休。【华油干〔1994〕第 489 号】

本年末　城市综合开发总公司在册员工 36 人。【1994 年华北石油管理局劳动工资统计报表】

一九九五年

三　月

3 月 8 日　经华北石油管理局劳动工资处批复，同意将房地产开发部更名为建材供应部，机构定员不变。【《关于更改部门名称的报告》】

七　月

7 月 24 日　华北石油管理局干部处处务会决定，吴兆宏同志任城市综合开发总公司岑溪矿业公司副经理。【华油干处字〔1995〕27 号】

十 一 月

11 月 27 日　经华北石油管理局干部处研究，同意刘述科提前退休。【华油干处字〔1995〕37 号】

本年末　城市综合开发总公司在册员工 35 人。【1995 年华北石油管理局劳动工资统计报表】

一九九六年

三　月

3 月 8 日　华北石油管理局干部处处务会决定，张凤龙任项目管理部副经理。【华油干处字〔1996〕4 号】

十　月

10 月 28 日　华北石油管理局机关工会委员会批复，同意城市综合开发总公司工会委员会由 5 名同志组成：崔慧荣、田家怀、武静贞、张凤龙、田忠年。崔慧荣任主席，田家怀任副主席。【华油机工〔96〕10 号】

本年末　城市综合开发总公司在册员工 33 人。【1996 年华北石油管理局劳动工资统计报表】

一九九八年

十 二 月

12 月 28 日　华北石油管理局人事劳资处批复，同意成立华油北海房地产开发中心。【华油人劳处字〔1998〕45 号】

本年末　城市综合开发总公司在册员工 26 人。【1998 年华北石油管理局劳动工资统计报表】

一九九九年

二　月

2 月 25 日　经华北石油管理局党政领导联席会议研究，决定同意刘胜利辞去城市综合开发总公司副总经理职务。【华油组字〔1999〕81 号】

四　月

4 月 1 日　华北石油管理局人事劳资处批复，同意成立综合计划部，为单位机关部室，定员 10 人，其中经理、副经理各 1 人。【华油人劳处字〔1999〕13 号】

五　月

5 月 6 日　华北石油管理局人事劳资处处务会决定，崔慧荣任经理办公室主任、张凤龙任项目管理部经理、吕旭峰任工程建设部经理、石伟任财务部经理、赵玉成任建材供应部经理、高凤荣任综合计划部经理、王承艳任综合计划部副经理、吴兆宏任华油北海房地产开发中心经理，免去吴兆宏的岑溪矿业公司副经理职务，刘天夫任华油北海房地产开发中心副经理。【华油人劳处字〔1999〕25 号】

七　月

7 月 2 日　华北石油管理局机构编制委员会决定：房产开发公司的规范名称为华北油田城市综合开发实业总公司，房产开发公司的名称不再使用。公司为管理局从事房产开发、组织建设施工的经营单位之一，自主开展经营活动，实行独立核算、自负盈亏。【华油人劳处字〔1999〕212 号】

本年末　城市综合开发总公司在册员工 26 人。【1999 年华北石油管理局劳动工资统计报表】

二〇〇〇年

四　月

4 月 26 日　华北石油管理局党政领导联席会议决定：籍明任城市综合开发总公司副经理兼总工程师；吕旭峰任城市综合开发总公司副总经理；石伟任城市综合开发总公司总会计师。【华油组字〔2000〕133 号】

十二月

12 月 26 日　中国共产党华北石油管理局机关委员会批复，房地产开发公司党支部委员会由 5 名同志组成：霍国昌、吕旭峰、籍明、石伟、刘欣录。霍国昌任党支部书记、吕旭峰任党支部副书记。【华油机党〔2000〕12 号】

本年末　城市综合开发总公司在册员工 30 人。【2000 年华北石油管理局劳动工资统计报表】

二〇〇一年

四　月

4 月 5 日　华北石油管理局人事劳资处决定，刘欣录任华油北海房地产开发中心经理、贾铁成任工程建设部经理、孙鲜军任综合计划部副经理、陈伟任财务部副经理。【华油人劳处字〔2001〕09 号】

七　月

7 月 16 日　王立民副局长批示，在处理好债权债务的前提下，可以考虑注销岑溪矿业公司。【《关于注销岑溪矿业公司的请示》】

九　月

9 月 10 日　城市综合开发总公司经理会议决定，刘欣录兼任建材供应部经理。【华油城开字〔2001〕21 号】

十二月

12 月 24 日　华北石油管理局党政领导联席会议决定，免去霍国昌的城市综合开发总公司总经理职务。【华油组字〔2001〕390 号】

本年末　城市综合开发总公司在册员工 29 人。【2001 年华北石油管理局劳动工资统计报表】

二〇〇二年

五　月

5 月 29 日　沧州市规划局决定，同意华北油田城市开发实业总公司在沧州基地院内建设住宅楼，建设面积 26300 平方米。【沧规建字〔2002〕35 号】

本年末　城市综合开发总公司在册员工 37 人。【2002 年华北石油管理局劳动工资统计报表】

二〇〇三年

一　月

1 月 20 日　华北石油管理局机关工会委员会批复，同意房产开发公司工会委员会由 3 名同志组成：崔慧荣、刘天夫、田家怀。崔慧荣任工会主席。【华油机工字〔2003〕1 号】

三　月

3 月 4 日　中国石油天然气集团公司做出批复，同意华北石油管理局华北油田城市综合开发实业做总公司改制，由华北石油管理局和河北华北石油机械化工有限公司共同出资，组建有限责任公司。【中油资字〔2003〕91 号】

本年末　城市综合开发总公司在册员工 36 人。【2003 年华北石油管理局劳动工资统计报表】

二〇〇四年

三　月

3 月 26 日　中国石油天然气集团公司资本运营部批复，同意华北石油管理局继续按《关于华北油田城市综合开发实业总公司改制问题的批复》的要求，对城市综合开发总公司实施改制，做好改制中的各项工作，并将出资主体由河北华北石油机械化工有限公司变更为河北华北石油工程建设有限公司。【资字〔2004〕7 号】

截至 2004 年 5 月，城市综合开发总公司在册员工 36 人。【2004 年华北石油管理局劳动工资统计报表】

第二部分

河北华北石油房地产开发有限公司

（2004.5—2015.12）

第一章　领导机构

2004 年 5 月，华北石油管理局对城市综合开发总公司进行改制，成立河北华北石油房地产开发有限公司。同月，公司成立董事会，选举王立民为董事长。王立民任总经理，籍明、吕旭峰任副总经理，石伟任副总经理兼总会计师，孙秀兰任监事会主席。

2004 年 8 月，河北华北石油房地产开发有限公司董事会决定：免去王立民的总经理职务，籍明任总经理。

同月，河北华北石油房地产开发有限公司党支部改选，石传、刘欣录、王新全任党支部委员，籍明任党支部书记，吕旭峰任党支部副书记。

2004 年 9 月，河北华北石油房地产开发有限公司明确了领导分工：总经理、党支部书记籍明全面负责公司行政、党务工作，分管经理办公室；副总经理、总会计师石伟协助总经理负责经营管理、财务管理、劳资管理、合同管理、法律事务，分管财务部、市场开发部、设备建材部、物业部；副总经理、党支部副书记吕旭峰协助总经理负责工程建设、质量安全、建材与设备供应、预算决算工作，分管项目管理部、工程建设部。

2009 年 5 月，经华北石油管理局研究决定，籍明任河北华北石油房地产开发有限公司执行董事兼总经理。6 月，王立民退休。

2011 年 8 月，中共中国石油华北油田分公司房地产开发公司总支部委员会成立。

2012 年 3 月，华北油田分公司党政联席会议研究决定，免去吕旭峰的房地产开发公司副总经理职务。

2012 年 6 月，河北华北石油房地产开发有限公司股东会决定，籍明任董事长，孙霞任监事会主席；聘任籍明为总经理。

2013 年 1 月，华北油田分公司党政联席会议研究决定，谷建民任房地产开发公司总经理、党总支委员、党总支书记；籍明调任华盛综合服务处副处长、党委委员、党委书记，免去其房地产开发公司总经理职务。

2013 年 3 月，河北华北石油房地产开发有限公司召开一届二次董事会，选举谷建民为董事长，免去籍明的董事长职务；聘任谷建民为总经理。

2013 年 5 月，经华北石油管理局研究决定，陈少发任房地产开发公司副总经理、安全总监。

同月，房地产开发公司对党政领导班子成员的职责进行分工：总经理、党总支书记谷建民全面负责公司行政、党务工作，分管综合办公室、市场开发部；副总经理、总会计师、党总支委员（组织与宣传委员）石伟协助总经理负责经营管理、财务管理、劳资管理、合同管理、法律事务、党总支组织与宣传工作，分管财务部、经营管理部（法律事务部）、综合管理部（人力资源部）；副总经理、安全总监、党总支委员（纪检委员）陈少发协助总经理负责工程建设、质量安全、建材与设备供应、预算决算、工会、纪检监察工作，分管工程建设管理部、工程造价部、材料设备供应部，兼任改善房项目部经理。

2013 年 7 月，中国石油天然气股份有限公司华北油田分公司工会委员会研究决定，陈少发任房地产开发公司工会主席。

2013 年 11 月，华北油田分公司同意孙富明退休。

2013 年 12 月，华北油田分公司党委组织部部务会决定，刘宏杰任河北华北石油房地产开发有限公司安全副总监。

2014 年 1 月，中国石油天然气股份有限公司华北油田分公司组织部研究决定，安立任房地产开发公司副总经理、总会计师。

2014 年 3 月，房地产开发公司对党政领导分工进行调整：总经理、党总支书记谷建民全面负责公司行政、党务工作，分管办公室；副总经理、总会计师、党总支委员安立协助总经理负责经营管理、财务管理、劳资管理、合同管理、法律事务、物业管理、党总支组织与宣传，以及总经理交办的其他工作，分管财务部、合同法规部、综合管理部；副总经理、安全总监、工会主席、党总支委员陈少发协助总经理负责项目开发前期、工程建设、质量安全、建材与设备供应、预算决算、工会、纪检监察、维护稳定工作，以及总经理交办的其他工作，分管市场开发部、工程建设部、工程造价部；安全副总监、党总支委员刘宏杰协助副总经理负责工程设计、工程建设、质量安全、建材与设备供应、预算决算、治理拖欠农民工工资工作，及总经理交办的其他工作，兼任工程建设部经理。

2014 年 9 月，中国石油天然气股份有限公司华北油田分公司组织部研究决定，刘俊峰任房地产开发公司副总经理。

同月，中国石油天然气股份有限公司华北油田分公司党委研究决定，刘俊峰任房地产开发公司党总支委员、书记，免去谷建民的房地产开发公司党总支书记职务，改任党总支副书记。

2014 年 10 月，房地产开发公司对部分党政领导成员分工进行调整：总经理、党总支副书记谷建民全面负责公司行政工作，分管办公室；副总经理、党总支书记刘俊峰全面负责公司党群工作，分管办公室；副总经理、总会计师、党总支委员安立协助总经理负责经营管理、财务管理、劳资管理、合同管理、法律事务、物业管理以及总经理交办的其他工作，协助党总支书记负责组织、宣传工作，分管财务部、合同法规部、综合管理部、物业管理部；副总经理、安全总监、工会主席、党总支委员陈少发协助总经理负责项目开发前期、工程建设、质量安全、建材与设备供应、预算决算工作，以及总经理交办的其他工作，协助党总支书记负责工会、纪检监察、维护稳定工作，分管市场开发部、工程建设管理部、工程造价部。

2015 年 5 月，房地产开发公司对部分党政领导成员分工进行调整：副总经理、党总支书记刘俊峰全面负责公司党群工作，分管办公室、市场开发部、物业管理部；副总经理、总会计师、党总支委员安立协助总经理负责经营管理、财务管理、劳资管理、合同管理、法律事务，以及总经理交办的其他工作，协助党总支书记负责组织、宣传工作，分管财务部、合同法规部、综合管理部；副总经理、安全总监、工会主席、党总支委员陈少发协助总经理负责工程建设、质量安全、建材与设备供应、预算决算工作，以及总经理交办的其他工作，协助党总支书记负责工会、纪检监察、维护稳定工作，分管工程建设部、工程造价部。

一、河北华北石油房地产开发有限公司董事会名录（2004.5—2015.12）

董　事　长　王立民（2004.5—2009.5）
　　　　　　籍　明（2012.6—2013.3）
　　　　　　谷建民（2013.3—2015.12）
执行董事　籍　明（2009.5—2012.6）
董　　　事　王立民（2004.5—2009.5）

孙富明（2004.5—8；2004.12—2009.5）
赵　坤（2004.5—8）
籍　明（2004.7—2009.5；2012.6—2013.3）
吴政富（2004.5—8）
吕旭峰（2004.8—2009.5）
石　伟（2004.8—2009.5；2012.6—2014.6）
魏建昌（2004.8—12）
阙中伟（2012.6—2015.12）
谷建民（2013.3—2015.12）
安　立（2014.6—2015.12）

二、河北华北石油房地产开发有限公司监事会名录（2004.5—2015.12）

主　　席　孙秀兰（女，2004.5—2009.6）[①]
孙　霞（女，2012.6—2015.12）

监　　事　孙秀兰（2004.5—2009.6）
陈　伟（2004.5—8；2012.6—2013.4）
孙鲜军（2004.5—8）
贾振龙（2004.8—2009.6）
王增利（2004.8—2005.3）
李天华（2005.3—2009.6）
王新全（2009.6—2012.6）
宋久文（2009.6—2012.6）
孙　霞（2012.6—2015.12）
张祥兵（2012.6—2015.12）
郑志勇（2013.4—2015.6）
刘天夫（2015.6—2015.12）

三、河北华北石油房地产开发有限公司行政领导名录（2004.5—2015.12）

总 经 理　王立民（兼任，2004.5—8）
籍　明（2004.8—2009.5；兼任，2009.5—2012.6；

① 2009 年 6 月至 2012 年 6 月，河北华北石油房地产开发有限公司监事会主席空缺。

2012.6—2013.1）
谷建民（2013.1—2015.12）

副总经理 籍　明（2004.5—8）
吕旭峰（2004.5—2012.3）
石　伟（2004.5—2014.1）
陈少发（2013.5—2015.12）
安　立（2014.1—2015.12）
刘俊峰（2014.9—2015.12）

总会计师 石　伟（2004.5—2014.1）
安　立（2014.1—2015.12）

总工程师 籍　明（2004.5—8）

安全总监 陈少发（2013.5—2015.12）

安全副总监 刘宏杰（2013.12—2015.12）

四、河北华北石油房地产开发有限公司党支部领导名录（2004.8—2011.8）

书　记 籍　明（2004.8—2011.8）

副书记 吕旭峰（2004.8—2011.8）

委　员 籍　明（2004.8—2011.8）
吕旭峰（2004.8—2011.8）
石　伟（2004.8—2011.8）
刘欣录（2004.8—2011.8）
王新全（办公室主任，2004.8—2011.8）

五、河北华北石油房地产开发有限公司党总支领导名录（2013.1—2015.12）

书　记 谷建民（2013.1—2014.9）
刘俊峰（2014.9—2015.12）

副书记 谷建民（2014.9—2015.12）

委　员 谷建民（2013.1—2015.12）
孙鲜军（市场开发部经理，2014.1—2015.12）
陈少发（2013.5—2015.12）
石　伟（2013.5—2014.1）

安　立（2014.1—2015.12）

刘宏杰（2014.3—2015.12）

王新全（办公室主任，2014.3—2015.12）

刘俊峰（2014.9—2015.12）

六、河北华北石油房地产开发有限公司工会领导名录（2013.7—2015.12）

主　　席　陈少发（2013.7—2015.12）

第二章　职能部门及党支部

2004 年 5 月，华北石油管理局对城市综合开发总公司进行改制，成立河北华北石油房地产开发有限公司。房地产开发公司下设综合计划部、项目管理部、工程建设部、财务部、物业部、经理办公室、建材供应部。

2004 年 9 月，综合计划部更名为市场开发部，建材供应部更名为设备建材部。

2004 年 10 月，项目管理部和工程建设部合并为工程技术部。

2007 年 12 月，为进一步加强人力资源管理，房地产开发公司成立人力资源部。

2011 年 3 月，房地产开发公司对机关部门进行调整。调整后，机关设 8 个部室：办公室、计划财务部、经营管理部（法律事务部）、综合管理部、工程建设管理部、工程造价部、材料设备供应部、市场开发部。

2014 年 4 月，房地产开发公司进行组织机构调整。调整后，设职能部门 4 个：办公室、财务部、合同法规部、综合管理部；直属单位 4 个：工程建设部、工程造价部、市场开发部、物业管理部。

截至 2015 年 12 月，房地产开发公司共设职能部门 4 个：办公室、财务部、合同法规部、综合管理部；直属单位 4 个：工程建设部、工程造价部、市场开发部、物业管理部。

第一节　综合计划部—市场开发部（2004.5—2014.4）

2004 年 5 月，房地产开发公司成立，为保证改制后的平稳过渡，房地产开发公司沿用综合计划部的定员及职能。孙鲜军任综合计划部副经理。

综合计划部的主要职责是：

（一）负责房产开发任务管理、广告宣传、成本核算、房屋预售工作和产权产籍证书的办理；

（二）负责制定房产开发计划、规划；

（三）负责办理房产开发征地手续；

（四）负责房产开发的统计、信息管理。

2004 年 9 月，房地产开发公司对机构进行调整，综合计划部更名为市场开发部，机构规格为正科级。市场开发部设经理 1 人，在册员工 6 人。孙鲜军任市场开发部经理。

市场开发部的主要职责是：

（一）组织编制公司中、长期发展规划及年度开发建设计划；

（二）负责组织落实房地产项目开发全过程的策划、计划和投资的执行情况；

（三）负责组织房地产开发项目的选址、可研、立项和报建工作，并办理土地出让手续；

（四）负责组织开发项目的规划、勘察、设计、招投标工作，审查设计单位的资质，鉴定规划，勘察设计合同；

（五）负责组织开发项目的销售及房产证的发放工作；

（六）负责组织综合统计工作，相关资料及图纸的管理工作。

2007 年 12 月，市场开发部增设副经理 1 人，李山川任市场开发部副经理。

2013 年 12 月，市场开发部共有党员 7 人，党组织关系隶属第一党支部。

2014 年 4 月，华北油田分公司对房地产开发公司的组织机构进行调整，市场开发部由机关部门调整为直属单位，机构职能、定员不变。同月，李山川任河北华北石油房地产开发有限公司物业管理部经理。

截至 2014 年 4 月，市场开发部定员 12 人，实际在岗员工 11 人，其中经理 1 人、副经理 1 人、一般管理人员 5 人、专业技术人员 1 人、操作技能人员 3 人。共有党员 8 人，党组织关系隶属第一党支部。

经　　理　孙鲜军（2004.9—2014.4）

副 经 理　孙鲜军（2004.5—9）

李山川（2007.12—2014.4）

第二节　项目管理部（2004.5—10）

2004 年 5 月，房地产开发公司成立，为保证改制后的平稳过渡，房地产开发公司沿用项目管理部的定员及职能。9 月，房地产开发公司对机构进行调整，项目管理部的定员及职能不变，机构规格为正科级，设经理 1 人，在册员工 5 人。

项目管理部的主要职责是：

（一）负责项目开发前期论证、规划、设计委托和组织方案审查，土地购置；

（二）收集市场信息，编制工程造价，标底审查，预、结算，参与决算审查；

（三）组织相关部门对设备建材进行市场调研，组织考察生产厂家和供货单位，组织对工程所需的设备、建材进行招投标工作；

（四）负责审查施工过程中签订的施工技术合同和建材合同；

（五）负责计划、统计工作。

2004 年 10 月，项目管理部和工程建设部合并为工程技术部，人员统一划归工程技术部。

截至 2004 年 10 月，项目管理部在册员工 5 人，其中经理 1 人、一般管理人员 4 人。

经　　理　张凤龙（2004.5—10）

第三节　工程建设部（2004.5—10）

2004 年 5 月，房地产开发公司成立，为保证改制后的平稳过渡，房地产开发公司沿用工程建设部的定员及职能。9 月，房地产开发公司对机构进行调整，工程建设部的定员及职能不变，机构规格为正科级。工程建设部设经理 1 人，在册员工 6 人。

工程建设部的主要职责是：

（一）负责组织编制工程运作计划和施工管理计划，参与施工前期准备工作；

（二）负责检查施工现场管理，施工技术管理；

（三）负责监督施工单位安全生产和文明施工；

（四）负责组织审查施工设计，协调监督施工进度，签认工程进度凭证，审查、办理确认设计变更和工程洽商文件；

（五）负责组织工程竣工验收、交付使用和工程保修，监理检查竣工资料的收集、整理和上报工作。

2004 年 10 月，房地产开发公司对机构进行调整，项目管理部和工程建设部合并为工程技术部，人员统一划归工程技术部。

截至 2004 年 10 月，工程建设部在册员工 6 人，其中经理 1 人、一般管理人员 3 人、操作技能人员 2 人。

经　　理　单　东（2004.5—10）

第四节　工程技术部—工程建设管理部（2004.10—2014.4）

2004 年 10 月，房地产开发公司对机构进行调整，项目管理部和工程建设部合并为工程技术部，机构规格为正科级。工程技术部设经理、副经理各 1 人，在册员工 6 人。单东任工程技术部经理。

工程技术部的主要职责是：

（一）招投标标底的编制，施工、监理队伍的招投标及工程承包合同的签订工作；

（二）建筑材料的计划的编制工作；

（三）编制施工管理计划和审核工程施工组织设计工作；

（四）负责施工前的准备工作，施工阶段的质量监督管理、进度管理、安全管理、设计变更和工程洽商管理、工程进度款的拨付；

（五）竣工验收和工程保修工作。

2007 年 12 月，河北华北石油房地产开发有限公司经理会议研究决定，贾剑涛任工程技术部副经理。

2011 年 3 月，工程技术部更名为工程建设管理部，机构职能、定员不变。

2013 年 8 月，中国石油天然气股份有限公司华北油田分公司党委组织部决定，刘宏杰任工程建设管理部经理，免去单东的工程建设管理部经理职务。

2013 年 12 月，工程建设管理部共有党员 12 人，党组织关系隶属第三党支部。

2014 年 4 月，华北油田分公司对房地产开发公司进行机构调整，工程建设管理部更名为工程建设部，机构职能、定员不变，由机关部门调整为直属单位。

截至 2014 年 4 月，工程建设管理部在册员工 17 人，其中经理 1 人、副经理 1 人、一般管理人员 3 人、专业技术人员 7 人、操作技能人员 5 人。共有党员 8 人，党组织关系隶属第三党支部。

经　　理　单　东（2004.10—2013.8）

　　　　　　刘宏杰（2013.8—2014.4）

副 经 理　贾剑涛（2007.12—2014.4）

第五节　建材供应部—设备建材部—材料设备供应部（2004.5—2014.4）

2004 年 5 月，房地产开发公司成立，为保证改制后的平稳过渡，房地产开发公司沿用建材供应部的定员及职能。9 月，房地产开发公司对机构进行调整，建材供应部更名为设备建材部，机构规格为正科级。设备建材部在册员工 9 人，设经理 1 人。

设备建材部的主要职责是：

（一）设备及建材市场的考察，组织设备建材采购的招投标工作，并签订供货合同；

（二）负责设备建材供应的计划管理、采购资金的使用和管理、进场设备材料的验收发放工作；

（三）负责设备建材的稽核统计工作。

2004 年 9 月，河北华北石油房地产开发有限公司经理会议研究决定，刘欣录任物业部经理（兼河北华北石油物业管理有限公司）经理，免去其设备建材部经理职务。

2011 年 3 月，设备建材部更名为材料设备供应部，机构职能、定员不变。

2011 年 9 月，中国石油天然气股份有限公司华北油田分公司人事处决定，免去张凤龙的材料设备供应部经理职务。

2013 年 12 月，材料设备供应部共有党员 5 人，党组织关系隶属第三党支部。

2014 年 4 月，华北油田分公司对房地产开发公司进行机构调整，材料设备供应部撤销，相关职能并入工程建设部。

截至 2014 年 4 月，材料设备供应部在册员工 3 人，均为一般管理人员。共有党员 3 人，党组织关系隶属第三党支部。

经　　理　刘欣录（2004.5—9）
沈　力（2004.9—10）
张凤龙（2004.10—2011.9）①

第六节　财务部—计划财务部—财务部（2004.5—2015.12）

2004 年 5 月，房地产开发公司成立，为保证改制后的平稳过渡，房地产开发公司沿用财务部的定员及职能。9 月，房地产开发公司对机构进行调整，财务部的定员及职能不变，机构规格为正科级。财务部设经理 1 人，在

① 2011 年 3 月，贾振龙从物业部调整到材料设备供应部主持工作；2011 年 12 月，贾振龙从副科级岗位退居二线；2011 年 12 月至 2014 年 4 月，由王刚主持材料设备供应部工作。

册员工 5 人。

财务部的主要职责是：

（一）负责编制和执行预算、财务收支计划，拟订资金筹措和使用方案；

（二）负责成本费用预测、计划、控制和核算工作；

（三）负责经济活动分析；

（四）负责交纳各种税费。

2004 年 9 月，河北华北石油房地产开发有限公司经理会议研究决定，陈伟任财务部经理。

2011 年 3 月，财务部更名为计划财务部，机构职能、定员不变。

2013 年 4 月，中国石油天然气股份有限公司华北油田分公司党委组织部决定，郑志勇任财务部经理。同月，根据公司章程的规定，免去陈伟的监事职务；房地产开发公司职工代表大会与会职工代表推选郑志勇为监事。

2013 年 12 月，计划财务部共有党员 3 人，党组织关系隶属第二党支部。

2014 年 4 月，华北油田分公司对房地产开发公司进行机构调整，计划财务部更名为财务部，机构职能、定员不变。

截至 2015 年 12 月 31 日，财务部定员 8 人，实际在岗员工 8 人，其中经理 1 人，一般管理人员 7 人：会计 3 人、出纳 3 人、税务管理 1 人。共有党员 7 人，党组织关系隶属第二党支部。

经　　理　陈　伟（2004.9—2013.4）

郑志勇（2013.4—2015.12）

副 经 理　陈　伟（2004.5—9）

第七节　物业部（2004.9—2011.3）

2004 年 9 月，房地产开发公司对机构进行调整，为便于管理金地花园小区，设立物业部，机构规格为正科级。物业部设经理、副经理各 1 人，在册员工 3 人。刘欣录任物业部经理。

物业部的主要职责是：

（一）负责物业管理区域底商的房屋租赁和商务服务工作；

（二）负责对楼宇管理、清洁绿化、消杀等工作进行系统管理和检查、监督、考核、评定；

（三）负责管理、维护、保养物业的各种设备、设施，受理和处理业主的报修、求助，投诉，及时跟踪处理，适时反馈，并落实回访制度。

2007 年 12 月，河北华北石油房地产开发有限公司经理会议研究决定，贾振龙任物业部副经理。

2010 年 9 月，金地花园小区的物业管理业务委托给华美综合服务处。2011 年 3 月，华北油田分公司对房地产开发公司进行机构调整，撤销物业部，相关人员分流至房地产开发公司其他部门。

截至 2011 年 3 月，物业部在册员工 10 人，其中经理 1 人、副经理 1 人、一般管理人员 5 人、操作技能人员 3 人。

经　　理　刘欣录（2004.9—2011.3）

副 经 理　贾振龙（2007.12—2011.3）

第八节　经理办公室—办公室（2004.5—2015.12）

2004 年 5 月，房地产开发公司成立，为保证改制后的平稳过渡，房地产开发公司沿用经理办公室的定员及职能。崔慧荣任经理办公室主任。9 月，房地产开发公司对机构进行调整，经理办公室定员及职能不变，机构规格为正科级。经理办公室在册员工 9 人，设主任 1 人。

经理办公室的主要职责是：

（一）全面负责对外联络、会议组织及各项日常行政工作；

（二）组织编制公司年鉴、工作计划、工作报告和工作总结；

（三）负责企业年检和资质证的办理，以及公司印章、各类合同章的使用和管理；

（四）负责公司人事、组织、劳动工资、干部管理、医疗保险、党团、计划生育、企业管理、安全、保卫、综合治理、法律事务、工会组织等管理工作；

（五）负责公司的车辆管理和总务后勤工作的管理。

2004 年 9 月，河北华北石油房地产开发有限公司经理会议研究决定，崔慧荣任经理办公室主任；刘天夫任经理办公室副主任。

2007 年 12 月，公司成立人力资源部，人事、组织、劳动工资、干部管理、医疗保险等职能转移至人力资源部。

同月，华北石油管理局机关党委决定，王新全任经理办公室主任；免去刘天夫的经理办公室副主任职务。

2011 年 3 月，经理办公室更名为办公室，机构职能、定员不变。

2013 年 12 月，办公室共有党员 5 人，党组织关系隶属第一党支部。

2015 年 11 月，华北油田分公司党委组织部部务会研究决定，贺丽霞任河北华北石油房地产开发有限公司办公室副主任。

截至 2015 年 12 月 31 日，办公室定员 7 人，实际在岗员工 7 人，其中主任 1 人，一般管理人员 3 人：秘书 1 人、文书 1 人、计划生育管理 1 人，操作人员 3 人：驾驶员 3 人。共有党员 5 人，党组织关系隶属第一党支部。

主　　任　崔慧荣（2004.5—2006.11）①

　　　　　　王新全（2007.12—2015.12）

副 主 任　刘天夫（2004.9—2007.12）

　　　　　　贺丽霞（女，2015.11—12）

第九节　人力资源部—综合管理部（2007.12—2015.12）

2007 年 12 月，为进一步加强人力资源管理，房地产开发公司设立人力资源部，机构规格为正科级。人力资源部设经理 1 人，在册员工 2 人。刘天夫任人力资源部经理。

人力资源部的主要职责是：

（一）组织制定、执行、监督公司人事管理制度；

① 2006 年 11 月至 2007 年 12 月，经理办公室主任空缺。

（二）组织制定评价政策，实施绩效管理；

（三）制定公司内部分配办法和薪酬计划，缴纳社会保险，完成相关制度报表；

（四）监督职称考评、技能鉴定、工伤鉴定、退休办理等工作的执行过程；

（五）组织开展员工岗前培训、在职培训活动。

2011 年 3 月，人力资源部更名为综合管理部，机构职能、定员不变。

2013 年 12 月，综合管理部共有党员 1 人，党组织关系隶属第一党支部。

截至 2015 年 12 月 31 日，综合管理部定员 2 人，实际在岗员工 2 人，其中副经理 1 人，一般管理人员 1 人：人事劳资管理 1 人。共有党员 2 人，党组织关系隶属第二党支部。

经　　　理　刘天夫（2007.12—2015.12）

第十节　经营管理部（法律事务部）—合同法规部（2011.3—2015.12）

2011 年 3 月，公司设立经营管理部（法律事务部），机构规格为正科级。经营管理部（法律事务部）在册员工 2 人，设经理 1 人。

经营管理部（法律事务部）的主要职责是：

（一）根据公司的发展战略和市场供需状况，参与编制公司中、长期发展规划；

（二）负责公司企业管理、安全环保、质量监督管理工作，提高企业管理水平；

（三）负责公司法律事务管理工作，提供相关法律咨询；

（四）负责公司及项目合同的综合管理，维护合同管理系统。

2013 年 12 月，经营管理部（法律事务部）共有党员 2 人，党组织关系隶属第一党支部。

2014 年 4 月，经营管理部（法律事务部）更名为合同法规部，机构职能、定员不变。

同月，中国石油天然气股份有限公司华北油田分公司党委组织部决定，张祥兵任河北华北石油房地产开发有限公司合同法规部副经理。

截至 2015 年 12 月 31 日，合同法规部定员 2 人，实际在岗员工 2 人，其中副经理 1 人，一般管理人员 1 人：合同法规管理 1 人。共有党员 2 人，党组织关系隶属第二党支部。

经　　理　（空缺）①

副 经 理　张祥兵（2014.4—2015.12）

第十一节　工程造价部（2011.3—2014.4）

2011 年 3 月，公司设立工程造价部，机构规格为正科级。工程造价部设经理 1 人，在册员工 5 人。

工程造价部的主要职责是：

（一）负责工程建设项目标底编制、造价分析预测、工程预决算；

（二）参加工程估算和概预算、招投标、标底审核工作；

（三）负责组织编制工程项目预算书和竣工结算书。

2011 年 9 月，中国石油天然气股份有限公司华北油田分公司人事处决定，柴立民任工程造价部副经理。

2013 年 12 月，工程造价部共有党员 2 人，党组织关系隶属第三党支部。

2014 年 4 月，华北油田分公司对房地产开发公司进行机构调整，工程造价部由机关部门调整为直属单位。

截至 2014 年 4 月，工程造价部在册员工 5 人，其中经理 1 人、一般管理人员 2 人、专业技术人员 2 人。共有党员 3 人，党组织关系隶属第三党支部。

经　　理　（空缺）

副 经 理　柴立民（2011.9—2014.4）②

① 2011 年 3 月至 2014 年 4 月，经营管理部（法律事务部）经理空缺，由刘欣录主持工作。

② 2011 年 3 月至 9 月，未任命经理，由柴立民主持工作。

第十二节　机关党支部（2013.12—2015.12）

2013年12月，华北油田分公司党委组织部批复，同意河北华北石油房地产开发有限公司党总支成立党支部3个：第一党支部、第二党支部、第三党支部。其中第一党支部由办公室、综合管理部、市场开发部的党员组成；第二党支部由计划财务部、经营管理部（法律事务部）的党员组成；第三党支部由工程建设管理部、工程造价部、材料设备供应部的党员组成。第一党支部委员会由孙鲜军、王庆伟、李山川组成，孙鲜军任党支部书记；第二党支部委员会由郑志勇、张祥兵、袁七星组成，郑志勇任党支部书记；第三党支部委员会由刘宏杰、岳永胜、贾剑涛组成，刘宏杰任党支部书记。

一、第一党支部（2013.12—2015.12）

书　　记　孙鲜军（2013.12—2015.12）
委　　员　孙鲜军（2013.12—2015.12）
　　　　　王庆伟（2013.12—2015.12）
　　　　　李山川（2013.12—2015.12）

二、第二党支部（2013.12—2015.12）

书　　记　郑志勇（2013.12—2015.12）
委　　员　郑志勇（2013.12—2015.12）
　　　　　张祥兵（2013.12—2015.12）
　　　　　袁七星（2013.12—2015.12）

三、第三党支部（2013.12—2015.12）

书　　记　刘宏杰（2013.12—2015.12）
委　　员　刘宏杰（2013.12—2015.12）
　　　　　岳永胜（2013.12—2015.12）
　　　　　贾剑涛（2013.12—2015.12）

第三章　直属单位

1998 年 12 月，城市综合开发总公司成立华油北海房地产开发中心。2004 年 8 月，注销华油北海房地产开发中心。

2014 年 4 月，根据油田公司的统一部署和要求，进一步深化改革，河北华北石油房地产开发有限公司对部分机构进行调整更名，设直属单位 4 个：工程建设部、工程造价部、市场开发部、物业管理部。

截至 2015 年 12 月，房地产开发公司共有直属单位 4 个：工程建设部、工程造价部、市场开发部、物业管理部。

第一节　华油北海房地产开发中心（2004.5—8）

2004 年 5 月，房地产开发公司成立，华油北海房地产开发中心所有业务由房地产开发公司承接，为房地产开发公司直属科级单位。华油北海房地产开发中心设经理、副经理各 1 人，主要负责北海利闻花苑小区的建设。刘欣录任华油北海房地产开发中心经理。

2004 年 8 月，北海利闻花苑小区交由华北油田分公司处置，房地产开发公司注销华油北海房地产开发中心。

截至 2004 年 8 月，华油北海房地产开发中心共有员工 6 人，其中经理 1 人、副经理 1 人；共有党员 5 人。

经　　理　刘欣录（兼任，2004.5—8）

副 经 理　刘天夫（2004.5—8）

第二节　工程建设部（2014.4—2015.12）

2014 年 4 月，工程建设管理部更名为工程建设部，由机关部门调整为直属正科级单位。工程建设部设经理 1 人、副经理 1 人，在册员工 24 人。刘宏杰任工程建设部经理。

工程建设部的主要职责是：

（一）负责招投标标底的编制，施工、监理队伍的招投标及工程承包合同的签订工作；

（二）编制施工管理计划和审核工程施工组织设计工作；

（三）负责施工前的准备工作，施工阶段的质量监督管理、进度管理、安全管理、设计变更和工程洽商管理、工程进度款的拨付，以及竣工验收和工程保修工作；

（四）负责建筑材料的计划的编制、设备建材采购的招投标工作及签订供货合同，进场设备材料的验收发放工作；

（五）负责设备建材的稽核统计工作。

同月，材料设备供应部撤销，部室相关职能并入工程建设部。

2014 年 10 月，中国石油天然气股份有限公司华北油田分公司党委组织部部务会决定，王刚任河北华北石油房地产开发有限公司工程建设部副经理；史国辉任河北华北石油房地产开发有限公司工程建设部副经理。

截至 2015 年 12 月 31 日，工程建设部定员 20 人，实际在岗员工 20 人，其中经理 1 人、副经理 3 人，一般管理人员 16 人：施工监督员 8 人、材料管理员 3 人、技术员 3 人、安全员 2 人；共有党员 15 人，党组织关系隶属第三党支部。

经　　理　刘宏杰（2014.4—2015.12）

副 经 理　贾剑涛（2014.4—2015.12）

王　刚（2014.10—2015.12）

史国辉（2014.10—2015.12）

第三节　工程造价部（2014.4—2015.12）

2014 年 4 月，工程造价部由机关部门调整为直属正科级单位，设经理 1 人，在册员工 5 人。柴立民任工程造价部副经理。

工程造价部的主要职责是：

（一）工程建设项目标的编制，造价分析预测，工程预决算；

（二）参加工程招投标、标底估算和概预算审核工作；

（三）负责组织编制工程项目预算书和竣工结算书。

2014 年 9 月，中国石油天然气股份有限公司华北油田分公司党委组织部决定，岳永胜任河北华北石油房地产开发有限公司工程造价部经理。

截至 2015 年 12 月 31 日，工程造价部定员 4 人，实际在岗员工 4 人，其中经理 1 人，一般管理人员 3 人：造价员 3 人；共有党员 2 人，党组织关系隶属第三党支部。

经　　理　岳永胜（2014.9—2015.12）

副 经 理　柴立民（2014.4—2015.2）

第四节　市场开发部（2014.4—2015.12）

2014 年 4 月，市场开发部由机关部门调整为直属正科级单位，设经理 1 人，在册员工 3 人。孙鲜军任市场开发部经理。

市场开发部的主要职责是：

（一）组织编制公司中、长期发展规划及年度开发建设计划；

（二）负责组织落实房地产项目开发全过程的策划、计划和投资的执行情况；

（三）负责组织房地产开发项目的选址、可研、立项和报建工作，并办理土地出让手续；

（四）负责组织开发项目的规划、勘察、设计、招投标工作，审查设计单位的资质；

（五）负责组织综合统计工作，相关资料及图纸的管理工作。

截至 2015 年 12 月 31 日，市场开发部定员 6 人，实际在岗员工 6 人，其中经理 1 人，一般管理人员 5 人：项目前期 5 人。共有党员 5 人，党组织关系隶属第一党支部。

经　　理　孙鲜军（2014.4—2015.12）

第五节　物业管理部（2014.4—2015.12）

2014 年 4 月，按照油田公司的要求，河北华北石油房地产开发有限公司设立物业管理部，为直属正科级单位。物业管理部设经理 1 人，在册员工 15 人。李山川任物业管理部经理。

物业管理部的主要职责是：

（一）组织开发项目的销售及房产证的发放工作；

（二）负责物业管理区域底商的房屋租赁和商务服务工作；

（三）负责对楼宇管理、清洁绿化、消杀等工作进行系统管理和检查、监督、考核、评定；

（四）负责管理、维护、保养物业的各种设备设施，受理和处理业主的报修、求助、投诉，及时跟踪处理，并落实回访制度。

截至 2015 年 12 月 31 日，物业管理部定员 10 人，实际在岗员工 10 人，其中经理 1 人，一般管理人员 5 人：项目经理 2 人、主管 2 人、销售管理 1 人，操作人员 4 人：秩序维护员 1 人、客服 1 人、绿化 1 人、设备员 1 人；共有党员 8 人，党组织关系隶属第三党支部。

经　　理　李山川（2014.4—2015.12）

第四章　附　　录

第一节　2004年9月房地产开发公司组织机构名录

单　　位		所在地
职能部门（7个）		
1	市场开发部	河北省沧州市任丘市
2	项目管理部	河北省沧州市任丘市
3	工程建设部	河北省沧州市任丘市
4	设备建材部	河北省沧州市任丘市
5	财务部	河北省沧州市任丘市
6	物业部	河北省沧州市任丘市
7	经理办公室	河北省沧州市任丘市

第二节　2004—2015年房地产开发公司组织机构沿革图

图例说明

1. 本图主要按编年记事的方式简要绘制组织机构的沿革变化，主要包括机构的成立、更名、合并、拆分、撤销、划转、托管、业务重组整合等事项。

2. 本图中机构沿革变化以“机构名称”中首字对应年份为时间节点。机构名称在一年中发生多次变更的，只显示最终名称。

3. 机构延续用“ ⟶ ”符号表示；撤销用“ || ”符号表示；合并用“ ⇉ ”符号表示。

4. 一个机构挂多个牌子，用“(　)”符号表示。

5. 具体图例符号使用详见每页机构沿革图下的图例说明。

房地产开发公司组织机构沿革图（一）
2004.5
2004.9
2004.10
2007.12
2011.3
2014.4
2015.12（时间）
1.职能部门
建材供应部
设备建材部
材料设备供应部
项目管理部
工程建设部
工程技术部
工程建设管理部
工程建设部
财务部
计划财务部
财务部
财务部
经理办公室
办公室
办公室
综合计划部
市场开发部
市场开发部
物业部
人力资源部
综合管理部
综合管理部
经营管理部（法律事务部）
合同法规部
合同法规部
工程造价部
工程造价部
图例说明
：延续
：撤销
：合并
（ ）：一个机构多个牌子

房地产开发公司组织机构沿革图（二）

2004.5 ——→ 2004.8 ——→ 2014.4 ——→ 2015.12（时间）

2.直属单位

华油北海房地产开发中心 ——→|

工程建设部 ——→ 工程建设部

工程造价部 ——→ 工程造价部

市场开发部 ——→ 市场开发部

物业管理部 ——→ 物业管理部

图例说明　→：延续　→|：撤销

第三节　2015年12月房地产开发公司组织机构名录

单　位		所在地
一、职能部门（4个）		
1	办公室	河北省沧州市任丘市
2	财务部	河北省沧州市任丘市
3	合同法规部	河北省沧州市任丘市
4	综合管理部	河北省沧州市任丘市
二、直属单位（4个）		
1	工程建设部	河北省沧州市任丘市
2	工程造价部	河北省沧州市任丘市
3	市场开发部	河北省沧州市任丘市
4	物业管理部	河北省沧州市任丘市

第四节　房地产开发公司职能部门人员简明表

一、综合计划部—市场开发部（2004.5—2014.4）

部门名称	员工名录
综合计划部 （2004.5—9）	赵　岳（2004.5—9）　田家怀（2004.5—9） 周晓松（2004.5—9）　贾　莉（2004.5—9）
市场开发部 （2004.9—2014.4）	殷占杭（2004.9—2008.4；2011.12—2014.4） 赵　岳（2004.9—2014.4）　周晓松（2004.9—2014.4） 李山川（2004.9—2007.12）　田家怀（2004.9—2014.4） 贾　莉（2011.12—2014.4）　封碧波（2010.10—2014.4） 史艳玲（2010.10—2014.4）　马丽萍（2012.7—2014.4）

二、项目管理部（2004.5—10）

部门名称	员工名录
项目管理部（2004.5—10）	杨延方（2004.5—10）　刘佳安（2004.5—10） 柴立民（2004.5—10）　潘树侠（2004.5—10）

三、工程建设部（2004.5—10）

部门名称	员工名录
工程建设部（2004.5—10）	高　峰（2004.5—10）　刘仁亮（2004.5—10） 杨　明（2004.5—10）　杨祖庆（2004.5—10） 张　雁（2004.5—10）

四、工程技术部—工程建设管理部（2004.10—2014.4）

部门名称	员工名录
工程技术部（2004.10—2011.3）	杨祖庆（2004.10—2005.12）　杨延方（2004.10—2005.11） 张　雁（2004.10—2011.3）　刘佳安（2004.10—2011.3） 柴立民（2004.10—2011.3）　贾剑涛（2004.10—2007.12） 潘树侠（2004.10—2011.3）　刘仁亮（2004.10—2011.3） 杨　明（2004.10—2011.3）　高　峰（2006.2—2011.3） 何　军（2006.3—2011.3）　王　刚（2006.2—2011.3） 史国辉（2010.10—2011.3）　刘朝培（2010.10—2011.3） 方宏林（2010.10—2011.3）　贾　伟（2010.10—2011.3） 张振明（2010.10—2011.3）　张学东（2010.10—2011.3）
工程建设管理部（2011.3—2014.4）	张　雁（2011.3—2013.8）　刘仁亮（2011.3—2014.4） 杨　明（2011.3—2014.4）　高　峰（2011.3—2014.4） 何　军（2011.3—2014.4）　王　刚（2011.3—2014.4） 史国辉（2011.3—2014.4）　刘朝培（2011.3—2014.4） 方宏林（2011.3—2014.4）　贾　伟（2011.3—2014.4） 张振明（2011.3—2014.4）　张学东（2011.3—2014.4）

五、建材供应部—材料设备供应部（2004.5—2014.4）

部门名称	员工名录
建材供应部（2004.5—9）	赵玉成（2004.5—9）　殷占杭（2004.5—9） 田忠年（2004.5—9）　刘大军（2004.5—9） 陈建民（2004.5—9）　宋　辉（2004.5—9） 段云霞（2004.5—9）
设备建材部（2004.9—2011.3）	刘大军（2004.9—2010.8）　田忠年（2004.9—2011.3） 宋　辉（2004.9—2011.3）　段云霞（2004.9—2007.3） 陈建民（2004.9—10）　何秋明（2004.9—2011.3） 刘胜利（2004.9—2011.3）　王劲松（2004.9—2011.3）

续表

部门名称	员工名录
材料设备供应部（2011.3—2014.4）	田忠年（2011.3—2014.4）　宋　辉（2011.3—2014.4） 何秋明（2011.3—2014.4）　刘胜利（2011.3—2013.12） 王劲松（2011.12—2013.9）

六、财务部—计划财务部—财务部（2004.5—2015.12）

部门名称	员工名录
财务部（2004.5—2011.3）	贾振龙（2004.5—2011.3）　秦志明（2004.5—2008.4） 倪利卫（2004.5—2011.3）　李督实（2004.5—2011.3） 于　湘（2010.10—2011.3）　岳新凤（2010.10—2011.3） 段云霞（2010.10—2011.3）
计划财务部（2011.3—2014.4）	贾振龙（2011.3—9）　倪利卫（2011.3—2014.4） 李督实（2011.3—2014.4）　岳新凤（2011.3—2014.4） 于　湘（2011.3—2014.4）　段云霞（2011.12—2014.4）
财务部（2014.4—2015.12）	倪利卫（2014.4—2015.12）　李督实（2014.4—2015.12） 岳新凤（2014.4—2015.12）　于　湘（2014.4—2015.12） 段云霞（2014.4—2015.12）　史长虹（2014.6—2015.12） 罗晓娟（2014.11—2015.12）

七、物业部（2004.9—2011.3）

部门名称	员工名录
物业部（2004.9—2011.3）	陈建民（2004.10—2011.3）　段云霞（2007.4—2010.9） 李玉锁（2008.12—2010.10）　贾　莉（2008.3—2011.3） 董银良（2008.3—2010.10）　王劲松（2005.9—2011.3） 卢居安（2008.4—2010.10）　张　放（2008.5—2011.3） 秦志明（2008.4—2011.3）　殷占杭（2008.4—2011.3）

八、经理办公室—办公室（2004.5—2015.12）

部门名称	员工名录
经理办公室（2004.5—2011.3）	卢居安（2004.10—2008.4）　冯　军（2008.6—2011.3） 苗兰兰（2009.4—2011.3）　王庆伟（2010.10—2011.3）
办公室（2011.3—2015.12）	苗兰兰（2011.3—2014.4）　王庆伟（2011.3—2014.4） 韩同栓（2014.9—2015.12）　王国中（2014.9—2015.12）

九、人力资源部—综合管理部（2007.12—2015.12）

部门名称	员工名录
人力资源部 （2007.12—2011.3）	冯　军（2007.12—2010.10）　张东华（2010.10—2011.3）
综合管理部 （2011.3—2015.12）	张东华（2011.3—2015.12）

十、经营管理部（法律事务部）—合同法规部（2011.3—2015.12）

部门名称	员工名录
经营管理部（法律事务部） （2011.3—2014.4）	张祥兵（2011.3—2014.4）　袁七星（2011.3—2014.4）
合同法规部 （2014.4—2015.12）	袁七星（2014.4—2015.12）

十一、工程造价部（2011.3—2014.4）

部门名称	员工名录
工程造价部 （2011.3—2014.4）	柴立民（2011.3—9）　刘佳安（2011.3—2014.4） 潘树侠（2011.3—2014.4）　刘金燕（2011.3—2014.4） 张　静（2011.3—2014.4）

第五节　房地产开发公司直属单位人员简明表

一、华油北海房地产开发中心（2004.5—8）

部门名称	员工名录
华油北海房地产开发中心 （2004.5—8）	刘佳安（2004.5—8）　王新建（2004.5—8） 杨景富（2004.5—8）　徐显炎（2004.5—8）

二、工程建设部（2014.4—2015.12）

部门名称	员工名录
工程建设部 （2014.4—2015.12）	周振宇（2014.4—2015.12）　张学东（2014.4—2015.12） 刘朝培（2014.4—2015.12）　张振明（2014.4—2015.12） 方宏林（2014.4—2015.12）　史国辉（2014.4—2015.12） 商中贤（2014.4—2015.12）　赵敬申（2014.4—2015.12） 贾　伟（2014.4—2015.12）　寇　燕（2014.4—2015.12） 马丽萍（2014.4—2015.12）　张　放（2014.4—2015.12） 康　军（2014.4—2015.12）　宋　辉（2014.4—2015.2） 王　刚（2014.4—2015.12）　贾振龙（2014.4—2015.12） 田忠年（2014.4—2015.12）　何秋明（2014.4—2015.12） 张凤龙（2014.4—2015.12）　高　峰（2014.4—2015.12） 何　军（2014.4—2015.12）　杨　明（2014.4—2015.12）

三、工程造价部（2014.4—2015.12）

部门名称	员工名录
工程造价部 （2014.4—2015.12）	刘佳安（2014.4—2015.12）　刘金燕（2014.4—2015.12） 潘树侠（2014.4—6）　张　静（2014.4—9）

四、市场开发部（2014.4—2015.12）

部门名称	员工名录
市场开发部 （2014.4—2015.12）	贾　莉（2014.4—2015.12）　史艳玲（2014.4—2015.12） 封碧波（2014.4—2015.12）　田家怀（2014.4—2015.12） 周晓松（2014.4—2015.12）

五、物业管理部（2014.4—2015.12）

部门名称	员工名录
物业管理部 （2014.4—2015.12）	贺丽霞（2014.4—2015.11）　王庆伟（2014.4—2015.12） 秦松强（2014.4—2015.12）　黑勤学（2014.4—2015.12） 陈建民（2014.4—2015.12）　刘仁亮（2014.4—2015.12） 赵　岳（2014.4—2015.12）　殷占杭（2014.4—2015.12） 冯　军（2014.4—2015.12）

第六节　获得高级职称人员名单

高级工程师：

杨延芳　　杨祖庆　　籍　明　　单　东　　孙鲜军　　潘树侠
陈少发　　封碧波　　刘俊峰

高级会计师：

石　伟

第七节　获得局级先进集体单位名单

序号	授予年份	授予单位	获奖单位
一、奥运安保工作先进集体			
1	2008	华北油田分公司党委	工程技术部
二、五四红旗团支部			
1	2009	华北油田分公司党委	青年工作支部
三、安全环保先进队站			
1	2011	华北油田分公司	工程技术部
2	2012	华北油田分公司	工程建设部
3	2013	华北油田分公司	工程建设部
四、先进党支部			
1	2013	华北油田分公司党委	第二党支部

第八节　获得局级先进个人荣誉称号人员名单

序号	授予年份	授予单位	获奖者	工作单位及职务
一、安全环保先进工作者				
1	2009	华北油田分公司	王　刚	工程技术部施工员
2	2010	华北油田分公司	王　刚	工程技术部施工员
3	2011	华北油田分公司	王　刚	工程建设部施工员
4	2012	华北油田分公司	张祥兵	经营管理部科员
5	2013	华北油田分公司	康　军	工程建设部安全员
6	2014	华北油田分公司	康　军	工程建设部安全员
7	2015	华北油田分公司	贾　伟	工程建设部施工员
二、奥运安保工作先进个人				
1	2008	华北油田分公司党委	董银良	金地物业公司副经理
三、优秀青年工作干部				
1	2009	华北油田分公司党委	卢居安	金地物业公司办公室主任
四、优秀思想政治工作者				
1	2010	华北油田分公司党委	籍　明	公司总经理
五、优秀共产党员				
1	2013	华北油田分公司党委	倪利卫	计划财务部会计
六、新时期平安油田创建先进个人				
1	2014	华北油田分公司社会治安综合治理委员会	王庆伟	物业管理部办公室主任
七、管理提升活动先进个人				
1	2014	华北油田分公司	贾剑涛	工程建设部副经理
八、维稳信访工作先进工作者				
1	2014	华北油田分公司维护稳定工作领导小组	高　峰	工程建设部施工员
九、华北油田分公司劳动模范				
1	2015	华北油田分公司党委	贺丽霞	办公室副主任

第五章　组织人事大事纪要

二〇〇四年

四　月

4 月 1 日　经华北石油管理局与河北华北石油工程建设有限公司双方协商，华北石油管理局出资 1400 万元，河北华北石油工程建设有限公司出资 600 万元，共同设立“河北华北石油房地产开发有限公司”。【《华北石油管理局和河北华北石油机械化工有限公司出资协议书》】

五　月

5 月 8 日　河北华北石油房地产开发有限公司董事会会议决定，选举王立民为公司董事长，兼任总经理，系法定代表人。孙秀兰任监事会主席。籍明、吕旭峰任副总经理，石伟任副总经理兼总会计师。【河北华北石油房地产开发有限公司董事、监事会决议】

七　月

7 月 30 日　华北石油管理局党政领导联席会议决定，委派王立民为河北华北石油房地产开发有限公司董事、董事长；委派籍明、吕旭峰、石伟为河北华北石油房地产开发有限公司董事；委派孙秀兰为河北华北石油房地产开发有限公司监事、监事会主席；建议聘任籍明为河北华北石油房地产开发有限公司总经理；建议聘任吕旭峰为河北华北石油房地产开发有限公司副总经理；建议聘任石伟为河北华北石油房地产开发有限公司副总经理兼总会计师。【华油组字〔2004〕280 号】

八　月

8 月 4 日　河北华北石油房地产开发有限公司第二次股东会通过决议，撤销孙富明、赵坤、吴政富的董事职务；撤销陈伟、孙鲜军的监事职务；选举吕旭峰、石伟、魏建昌为公司董事；选举贾振龙、王增利为公司监事。【河北华北石油房地产开发有限公司股东会决议】

8 月 4 日　河北华北石油房地产开发有限公司召开第二次董事会，解聘王立民的总经理职务；籍明任总经理。【河北华北石油房地产开发有限公司董事会决议】

8 月 18 日　华北石油管理局王立民副局长批复，同意注销华油北海房地产开发中心。【《关于注销“华油北海房地产开发中心”的请示》】

8 月 20 日　经中国共产党华北石油管理局机关委员会研究，同意房地产开发公司党支部委员会由 5 名同志组成：籍明、吕旭峰、石伟、刘欣录、王新全。籍明任党支部书记，吕旭峰任党支部副书记。【华油机党字〔2004〕20 号】

九　月

9 月 1 日　河北华北石油房地产开发有限公司经理会议决定公司组织机构为六部一室：市场开发部、项目管理部、工程建设部、设备建材部、财务部、物业部、经理办公室。崔慧荣任经理办公室主任、刘天夫任经理办公室副主任、孙鲜军任市场开发部经理、张凤龙任项目管理部经理、单东任工程建设部经理、沈力任设备建材部经理、陈伟任财务部经理、刘欣录任物业部经理兼河北华北石油物业管理有限公司经理，免去其设备建材部经理、华油北海房地产开发中心经理职务。【冀油房开字〔2004〕3 号】

十　月

10 月 25 日　河北华北石油房地产开发有限公司经理会议决定公司机构调整为五部一室：市场开发部、工程技术部、设备建材部、物业部、经理办公室，原项目管理部和工程建设部合并为工程技术部。张凤龙任设备建材部经理、单东任工程技术部经理，免去张凤龙的项目管理部经理职务、单东的

工程建设部经理职务。【冀油房开字〔2004〕6号】

十 二 月

12月2日　河北华北石油房地产开发有限公司注册资本变更为2400万元，河北华北石油路桥工程有限公司向河北华北石油房地产开发有限公司新增投资400万元。【出资协议书】

12月10日　河北华北石油房地产开发有限公司召开临时股东会，会议通过决议，撤销魏建昌的董事职务，选举孙富明为公司董事。【河北华北石油房地产开发有限公司股东会决议】

本年末　房地产开发公司在册员工38人。【2004年人事统计年报】

二〇〇五年

三 月

3月16日　河北华北石油房地产开发有限公司一届六次股东会决议通过，选举李天华为监事，撤销王增利的监事职务。【一届六次股东会决议】

本年末　房地产开发公司在册员工39人。【2005年人事统计年报】

二〇〇七年

十 二 月

12月17日　中国共产党华北石油管理局机关委员会决定，王新全任经理办公室主任、刘天夫任人力资源部经理，免去刘天夫的经理办公室副主任职务。【华油机关党字〔2007〕50号】

12月19日　河北华北石油房地产开发有限公司经理会议决定，成立人力资源部。【冀油房开字〔2007〕6号】

12月19日　河北华北石油房地产开发有限公司经理会议决定，李山川任市场开发部副经理、贾剑涛任工程技术部副经理、贾振龙任物业部副经

理。【冀油房开字〔2007〕8 号】

本年末　房地产开发公司在册员工 39 人。【2007 年人事统计报表】

二〇〇八年

八　月

8 月 18 日　中国石油天然气集团公司批复，批准华北石油管理局通过无偿划转或进场交易，收购河北华北石油路桥工程有限公司股份，整合为华北石油管理局的一人公司。【中油资〔2008〕412 号】

本年末　房地产开发公司在册员工 43 人。【2008 年人事统计报表】

二〇〇九年

五　月

5 月 15 日　华北石油管理局决定，籍明任河北华北石油房地产开发有限公司执行董事兼总经理、法定代表人。【华油组〔2009〕18 号】

六　月

6 月 14 日　河北华北石油房地产开发有限公司职工代表大会决议通过，推选王新全为河北华北石油房地产开发有限公司监事。【河北华北石油房地产开发有限公司职工代表大会决议】

6 月 24 日　根据中国石油天然气集团《关于大庆油田有限责任公司等 24 家单位股权整合方案的批复》（中油资字〔2008〕412 号）文件精神，研究决定：

华北石油管理局受让河北华北石油路桥工程有限公司在河北华北石油房地产开发有限公司的全部股权，华北石油管理局成为河北华北石油房地产开发有限公司的唯一股东，河北华北石油房地产开发有限公司变更为华北石油管理局法人独资的有限责任公司。

华北石油管理局委派籍明任河北华北石油房地产开发有限公司执行董事、总经理，为公司的法定代表人，委派宋久文任河北华北石油房地产开发有限公司监事。【《华北石油管理局关于河北华北石油房地产开发有限公司有关问题的决定》】

本年末　房地产开发公司在册员工 45 人。【2009 年人事统计报表】

二〇一〇年

九　月

9 月 30 日　中国石油天然气股份有限公司华北油田分公司下发通知，河北华北石油房地产开发有限公司与河北华北石油大路房地产开发有限责任公司合并，使用河北华北石油房地产开发有限公司名称。【华北资〔2010〕185 号】

本年末　房地产开发公司在册员工 67 人。【2010 年人事统计报表】

二〇一一年

三　月

3 月 2 日　中国石油天然气股份有限公司华北油田分公司下发批复，同意单位下设七部一室：办公室、计划财务部、经营管理部（法律事务部）、综合管理部、工程建设管理部、工程造价部、材料设备供应部、市场开发部。暂定员 68 人，管理职数限额为 39 人，其中领导职数 3 人，科级职数 12 人。【华油劳资〔2011〕34 号】

3 月 14 日　中国石油天然气集团公司批复华北石油管理局，原则同意上报的房地产开发业务重组方案。由河北华北石油房地产开发有限公司吸收合并华北石油大路房地产开发有限公司。

河北华北石油房地产开发有限公司与河北华北石油大路房地产开发有限责任公司合并。合并方式为吸收合并；河北华北石油大路房地产开发有限责任公司注销。【中油资〔2011〕79 号】

八　月

8月8日　对部分单位党组织设置进行调整，成立中共中国石油华北油田分公司房地产开发有限公司总支部委员会。【华北油田分公司党委会议纪要】

九　月

9月9日　中国石油天然气股份有限公司华北油田分公司人事处处务会决定，柴立民任工程造价部副经理，免去张凤龙的材料设备供应部经理职务。【华北人事处〔2011〕17号】

十二月

12月5日　中国石油天然气集团公司决定，河北华油集体资产投资管理中心对河北华北石油房地产开发有限公司出资人民币2500万元，河北华北石油房地产开发有限公司注册资本变更为人民币4900万元。【《河北华油集体资产投资管理中心关于河北华北石油大路房地产开发有限责任公司与河北华北石油房地产开发有限公司合并的决定》】

本年末　房地产开发公司在册员工66人。【2011年人事统计报表】

二〇一二年

三　月

3月19日　中国石油天然气股份有限公司华北油田分公司党政联席会议决定，免去吕旭峰的房地产开发公司副总经理职务。【华油组〔2012〕52号】

六　月

6月12日　河北华北石油房地产开发有限公司股东会决议通过，公司设立董事会、监事会，籍明、石伟、阙中伟任董事，孙霞、张祥兵任监事。

6 月 12 日　河北华北石油房地产开发有限公司董事会决议通过，选举籍明同志为董事长（公司法定代表人），聘任籍明同志为总经理、石伟同志为公司副总经理兼总会计师，籍明、石伟同志的聘任期限为三年。【河北华北石油房地产开发有限公司董事会决议】

6 月 12 日　河北华北石油房地产开发有限公司监事会决议通过，推举孙霞同志为监事会主席。【河北华北石油房地产开发有限公司股东会决议】

6 月 12 日　河北华北石油房地产开发有限公司职工代表大会决议通过，推选陈伟为监事。【河北华北石油房地产开发有限公司监事会决议】

本年末　房地产开发公司在册员工 66 人。【2012 年人事统计报表】

二〇一三年

一　月

1 月 17 日　华北油田分公司党委决定，籍明任华盛综合服务处党委委员、书记；谷建民任房地产开发有限公司党总支委员、书记，免去其矿区服务事业部机关党委委员职务。【华北党〔2013〕8 号】

1 月 17 日　华北油田分公司决定，籍明任华盛综合服务处副处长，免去其房地产开发有限公司总经理职务；谷建民任房地产开发有限公司总经理，免去其住房建设管理办公室副主任、矿区服务事业部矿区建设管理处处长、住房置换中心主任职务。【华北组〔2013〕14 号】

1 月 17 日　华北石油管理局决定，籍明任华盛综合服务处副处长，免去其房地产开发有限公司总经理职务；谷建民任房地产开发有限公司总经理，免去其住房建设管理办公室副主任、矿区服务事业部矿区建设管理处处长、住房置换中心主任职务。【华油组〔2013〕2 号】

三　月

3 月 13 日　河北华北石油房地产开发有限公司董事会决定，选举谷建民为董事长（法定代表人），免去籍明的董事长（法定代表人）职务。【房地产公司二届一次董事会决议】

四　月

4 月 28 日　中国石油天然气股份有限公司华北油田分公司党委组织部决定，郑志勇任财务部经理。【华北组部〔2013〕10 号】

4 月 28 日　根据公司章程的规定，免去陈伟的监事职务，房地产开发公司职工代表大会与会职工代表推选郑志勇为监事。【职工代表大会决议】

五　月

5 月 10 日　华北石油管理局决定，陈少发任房地产开发公司副总经理、安全总监。【华北组〔2013〕11 号】

5 月 27 日　中国石油天然气股份有限公司华北油田分公司党委组织部决定，石伟、陈少发同志任河北华北石油房地产开发有限公司党总支委员。【华北组部〔2013〕13 号】

七　月

7 月 14 日　中国石油天然气股份有限公司华北油田分公司工会委员会决定，陈少发同志任工会主席。【华北工会〔2013〕11 号】

八　月

8 月 30 日　中国石油天然气股份有限公司华北油田分公司党委组织部决定，刘宏杰任工程建设管理部经理，免去单东的工程建设管理部经理职务。【华北组部〔2013〕25 号】

十 一 月

11 月 27 日　华北油田分公司同意孙富明退休。【华北党〔2013〕199 号】

十 二 月

12 月 10 日　中国石油天然气股份有限公司华北油田分公司党委组织部决定，刘宏杰任河北华北石油房地产开发有限公司安全副总监，免去贾振龙的设备建材部副经理职务。【华北组部〔2013〕30 号】

本年末　房地产开发公司在册员工 66 人。【2013 年人事统计报表】

二〇一四年

一　月

1 月 15 日　中国石油天然气股份有限公司华北油田分公司党委组织部决定，安立任河北华北石油房地产开发有限公司副总经理、总会计师。【华北组〔2014〕10 号】

1 月 15 日　中共中国石油天然气股份有限公司华北油田分公司委员会决定，增补安立为河北华北石油房地产开发有限公司党总支委员。【华北党〔2014〕5 号】

三　月

3 月 6 日　中国石油天然气股份有限公司华北油田分公司党委组织部决定，增补刘宏杰、王新全为河北华北石油房地产开发有限公司党总支委员。【华北组部〔2014〕7 号】

四　月

4 月 4 日　中国石油天然气股份有限公司华北油田分公司人事处同意部分机构调整更名，机关部门设办公室、财务部、合同法规部、综合管理部，直属单位设工程建设部、工程造价部、市场开发部、物业管理部。【华北人事处〔2014〕31 号】

4 月 30 日　中国石油天然气股份有限公司华北油田分公司党委组织部部务会决定，李山川任河北华北石油房地产开发有限公司物业管理部经理，张祥兵任河北华北石油房地产开发有限公司合同法规部副经理。【华北组部〔2014〕15 号】

六　月

6 月 26 日　房地产开发公司股东会全体股东审议表决，同意安立为公

司董事，石伟不再担任公司董事。【房地产公司 2014 年第一次股东会决议】

九　月

9 月 19 日　中国石油天然气股份有限公司华北油田分公司党委组织部部务会决定，岳永胜任河北华北石油房地产开发有限公司工程造价部经理。【华北组部〔2014〕30 号】

9 月 23 日　中国石油天然气股份有限公司华北油田分公司党委组织部决定，刘俊峰任河北华北石油房地产开发有限公司副总经理。【华北组〔2014〕125 号】

9 月 23 日　中国石油天然气股份有限公司华北油田分公司党委决定，刘俊峰同志任河北华北石油房地产开发有限公司党总支委员、书记；免去谷建民同志的河北华北石油房地产开发有限公司党总支书记职务，改任党总支副书记。【华北党〔2014〕45 号】

十　月

10 月 24 日　中国石油天然气股份有限公司华北油田分公司党委组织部部务会决定，王刚任河北华北石油房地产开发有限公司工程建设部副经理，史国辉任河北华北石油房地产开发有限公司工程建设部副经理。【华北组部〔2014〕38 号】

本年末　房地产开发公司在册员工 69 人。【2014 年人事统计报表】

二〇一五年

二　月

2 月 13 日　中国石油天然气股份有限公司华北油田分公司党委组织部部务会决定，免去柴立民的河北华北石油房地产开发有限公司工程造价部副经理职务。【华北组部〔2015〕9 号】

六　月

6 月 1 日　房地产开发公司 2015 年第二次股东会选举谷建民、阙中伟、安立为董事，选举孙霞、张祥兵为监事。【河北华北石油房地产开发有限公司股东会决议】

6 月 1 日　房地产开发公司二届一次董事会全体董事审议表决，选举谷建民为董事长；房地产开发公司二届一次监事会全体监事讨论表决，选举孙霞为监事会主席。【房地产公司二届一次监事会决议】

6 月 10 日　根据公司章程的规定，免去郑志勇的监事职务，房地产开发公司职工代表大会与会职工代表推选刘天夫为监事。【职工代表大会决议】

十 一 月

11 月 16 日　中国石油天然气股份有限公司华北油田分公司党委组织部部务会决定，贺丽霞任河北华北石油房地产开发有限公司办公室副主任。【华北组部〔2015〕47 号】

本年末　房地产开发公司在册员工 69 人。【中国石油华北油田人事劳资统计】

后　　记

在华北油田分公司人事处、《华北油田组织史资料》编纂办公室的领导和专家的指导下，在河北华北石油房地产开发有限公司领导和历任老领导、老同志的关心和支持下，经过全体编纂人员的辛勤努力，由河北华北石油房地产开发有限公司组织编纂的《华北油田组织史资料（基层卷）第一部第十六卷》正式出版了。书中以组织机构的建立、发展、沿革为主体，系统地展现了河北华北石油房地产开发有限公司从成立到改革发展的历程，对总结组织建设发展规律和经验、传承历史将起到积极作用。

2013 年 4 月，华北油田分公司下发《关于全面启动〈中国石油华北油田组织史资料〉编纂工作的通知》，全面启动企业卷、基层卷的编纂工作。河北华北石油房地产开发有限公司根据华北油田分公司的工作部署要求，成立了由副总经理负责、综合管理部牵头、办公室支持的河北华北石油房地产开发有限公司组织史编纂工作领导小组，于 2017 年 12 月，完成了河北华北石油房地产开发有限公司基层卷的编纂修改工作，最终统稿成书。

编纂河北华北石油房地产开发有限公司组织史资料既是落实集团公司、华北油田分公司的一项工作部署，同时也是河北华北石油房地产开发有限公司发展建设的内在需求。自 1993 年华北油田城市综合开发实业总公司成立以来，历经二十余年的艰苦奋斗，组织机构沿革和人事更迭频繁，一直缺少一套全面系统记录这段历史的组织史资料。编纂河北华北石油房地产开发有限公司组织史资料，理清组织发展脉络，对于系统总结河北华北石油房地产开发有限公司组织建设方面的成就和经验，研究探索组织建设的规律，充实完善史志资料，全面加强基础管理建设，都具有十分重要的意义。

在编纂过程中，为保证编入的内容真实有效，全体编纂工作人员认真贯彻集团公司“广征、核准、精编、严审”的工作方针，尊重历史和“求实存真”的原则，恪守真实、全面、准确的准则，强调真实性、严肃性，努力做到坚持原则、准确真实、不漏不误、全面翔实。

在编纂综述的过程中，以全面反映河北华北石油房地产开发有限公司发展历史和改革过程为出发点，系统收录了组织机构沿革、企业经营改革与发展成就、企业建设和党建工作等方面的内容。本着加强公司的基础管理工作、传承优秀企业文化、激发干部队伍的工作热情的原则，突破了组织史资料重点叙述组织机构沿革的界限，对华北油田城市综合开发实业总公司时期及河北华北石油房地产开发有限公司时期的经营改革过程做了较为全面的叙述，以求达到系统保存资料、方便利用的目的。

值此《华北油田组织史资料（基层卷）第一部　第十六卷》出版之际，谨向对编纂工作给予支持和帮助的所有单位和人员表示衷心的感谢。

此外，由于河北华北石油房地产开发有限公司组织机构沿革错综复杂，人事更迭频繁，早期的部分文献资料不够规范、人事档案保存不够完整，有些档案资料随着机构的改制、划转遗失分散，加之编纂者的水平有限，书中难免有疏漏不详之处，恳请读者批评指正。

编纂组联系方式

地址：河北省任丘市渤海西路 11 号房地产开发公司

邮编：062552

电话：0317-2726410

传真：0317-2728932

河北华北石油房地产开发有限公司组织史资料编纂组

2025 年 4 月

《中国石油华北油田组织史资料》系列图书出版说明

为充分发挥组织史“资政、存史、育人、交流”的作用，按照中国石油天然气集团公司（以下简称集团公司）的要求，华北油田分公司于 2013 年 4 月同步启动《中国石油华北油田组织史资料》系列图书企业卷和基层卷的编纂工作，并明确由华北油田分公司人事处负责具体牵头组织。

《中国石油华北油田组织史资料》（1976—2013）企业卷（编号 CNPC-YT10）共 3 卷 4 册，由华北油田组织史资料编纂办公室组织编纂，集团公司人事部编纂办公室规范性审查后，由石油工业出版社统一出版，于 2016 年 12 月出版发放。

《华北油田组织史资料》（基层卷）第一部共 37 卷 40 册，由各基层企事业单位人事部门负责牵头组织编纂并形成初稿。华北油田组织史资料编纂办公室规范性审查后提出审核意见，各基层企事业单位按照审核意见修改合格，形成送审稿。送审稿报集团公司人事部编纂办公室规范性审查后，由石油工业出版社统一出版。《中国石油华北油田组织史资料》（基层卷）第一部出版编码：HBYT-JCJ-1-01 至 HBYT-JCJ-1-37。

编纂《中国石油华北油田组织史资料》系列图书是响应集团公司安排部署，全面加强组织人事工作科学化、规范化建设的重要任务，是一项政策性、技术性、规范性、连续性很强的业务工作，是《中国石油组织史资料》的重要组成部分。《中国石油华北油田组织史资料》系列图书的编纂，厘清了华北油田勘探开发 40 年来，从华北石油会战指挥部到华北石油管理局和华北油田分公司各级党政组织的成立、更名、发展、撤并以及领导干部变动情况等内容，为企业资政、存史、育人、交流提供了真实可信的依据。这套翔实完整的系列图书，从工业企业史的角度丰富了华北油田的历史资料，为组织人事、史志研究、档案管理等部门人员从事相关业务提供了诸多便利，为体制改革和机构调整提供了历史借鉴。值此《中国石油华北油田组织史资料》系列图书出版之际，谨向对该套图书出版工作给予支持和帮助的所有单位和人员表示衷心的感谢！

由于掌握资料和编纂者水平有限，丛书难免存有错漏，恳请读者批评指正。对华北油田企业卷、基层卷的意见建议请联系华北油田组织史资料编纂办公室；对各单位基层卷的意见建议请联系各单位编纂组或组织史资料编纂办公室。对书中错漏之处我们将统一在今后续编时一并修改完善。

华北油田组织史资料编纂办公室联系方式

联系单位：中国石油华北油田分公司人力资源部 / 党委组织部

通信地址：河北省任丘市

联系电话：0317-2725521，2704209

电子邮箱：rsc_yz@petrochina.com.cn，hj_weitong@petrochina.com.cn

《中国石油华北油田组织史资料》系列图书目录

《中国石油华北油田组织史资料》企业卷（共 4 卷 12 册）		
编号	卷号	卷名
CNPC-YT10	第一卷	华北石油会战指挥部（1976.2—1981.6）
CNPC-YT10	第二卷（共二册）	华北石油管理局（1981.6—2008.2）（上）
		华北石油管理局（1981.6—2008.2）（下）
CNPC-YT10	第三卷	华北油田分公司（1997.7—2013.12）
CNPC-YT10	第四至六卷（共八册）	华北油田分公司（2014.1—2018.12）

华北油田组织史资料（基层卷）第一部（共 37 卷 40 册）		
编号	卷号	卷名
HBYT-JCJ-1-01	第一卷（上）	第一部分　油田指挥部一采油厂（1976.3—1983.1）
		第二部分　华北石油管理局 第一采油厂（1983.1—1999.9）
	第一卷（下）	第三部分　华北油田分公司 第一采油厂（1999.9—2015.12）
HBYT-JCJ-1-02	第二卷	第二采油厂（1983.1—2015.12）
HBYT-JCJ-1-03	第三卷	第三采油厂（1983.1—2015.12）
HBYT-JCJ-1-04	第四卷	第四采油厂（1983.1—2015.12）

续表

编号	卷号	卷名
HBYT-JCJ-1-05	第五卷	第五采油厂（1986.8—2015.12）
HBYT-JCJ-1-06	第六卷（上）	第一部分　二连公司（1984.4—1999.9）
	第六卷（下）	第二部分　二连分公司（1999.9—2015.12）
		第三部分　二连油区综合服务处（1999.9—2006.3）
HBYT-JCJ-1-07	第七卷	储气库管理处（2010.2—2015.12）
HBYT-JCJ-1-08	第八卷	第一部分　油田勘探开发研究院—石油勘探开发研究院（1973.12—1977.8）
		第二部分　石油勘探开发设计研究院（1977.8—1984.11）
		第三部分　勘探开发研究院（1984.11—2015.12）
HBYT-JCJ-1-09	第九卷	采油工程研究院（1983.1—2015.12）
HBYT-JCJ-1-10	第十卷	地球物理勘探研究院（1999.12—2015.12）
HBYT-JCJ-1-11	第十一卷	数据中心—数据中心（档案中心）（2014.7—2015.12）
HBYT-JCJ-1-12	第十二卷	第一部分　山西煤层气勘探开发分公司（2006.5—2015.12）
		第二部分　长治煤层气勘探开发分公司（2011.5—2016.11）
HBYT-JCJ-1-13	第十三卷	苏里格项目部（2008.5—2015.12）
HBYT-JCJ-1-14	第十四卷	第一部分　燃气处（2005.1—2009.7）
		第二部分　河北华港燃气有限公司—华港燃气集团有限公司（2009.7—2015.12）
HBYT-JCJ-1-15	第十五卷	第一部分　科工贸总公司（1992.7—2004.9）
		第二部分　河北华北石油天成实业集团有限公司（2004.9—2015.12）
HBYT-JCJ-1-16	第十六卷	第一部分　房产开发公司（华北油田城市综合开发实业总公司）—华北油田城市综合开发实业总公司（1993.2—2004.5）
		第二部分　河北华北石油房地产开发有限公司（2004.5—2015.12）
HBYT-JCJ-1-17	第十七卷	第一部分　第二综合服务处（1996.3—2002.12）
		第二部分　第五综合服务处（1996.12—2010.3）
		第三部分　第九综合服务处（1996.12—2001.6）
		第四部分　华美物业管理处（2001.4—2010.3）
		第五部分　华美综合服务处（2010.3—2015.12）

续表

编号	卷号	卷名
HBYT–JCJ–1–18	第十八卷	第一部分　第四综合服务处（1996.4—2005.4）
		第二部分　第十五综合服务处（1996.12—2005.4）
		第三部分　华丽综合服务处（2005.4—2015.12）
HBYT–JCJ–1–19	第十九卷	第一部分　第六综合服务处（1996.12—2007.3）
		第二部分　第十一综合服务处（1996.12—2007.3）
		第三部分　第七综合服务处（1996.12—2010.3）
		第四部分　华佳综合服务处（2007.3—2015.12）
HBYT–JCJ–1–20	第二十卷	第一部分　第三综合服务处（1996.4—2008.10）
		第二部分　第十三综合服务处（1996.12—2008.10）
		第三部分　华苑综合服务处（2008.10—2015.12）
HBYT–JCJ–1–21	第二十一卷	第一部分　第一综合服务处（1996.4—2008.10）
		第二部分　第十四综合服务处（1996.12—2008.10）
		第三部分　华兴综合服务处（2008.10—2015.12）
HBYT–JCJ–1–22	第二十二卷	第十二综合服务处—华隆综合服务处（1996.12—2015.12）
HBYT–JCJ–1–23	第二十三卷	第一部分　第八综合服务处（1996.12—2010.3）
		第二部分　华盛综合服务处（2010.3—2015.12）
HBYT–JCJ–1–24	第二十四卷	第十综合服务处—华达综合服务处（1996.12—2015.12）
HBYT–JCJ–1–25	第二十五卷	公用事业管理处（1981.11—2015.12）
HBYT–JCJ–1–26	第二十六卷	供水供电服务中心（2010.3—2015.12）
HBYT–JCJ–1–27	第二十七卷	第一部分　总医院（1976.5—2015.12）
		第二部分　第二医院（1988.6—1997.1）
		第三部分　医疗卫生管理中心（1996.11—2006.3）
HBYT–JCJ–1–28	第二十八卷	第一部分　《华北石油报》社（1976.2—2003.5）
		第二部分　新闻文化管理处（1992.9—1994.5）
		第三部分　华北油田有线广播电视台（1998.10—2003.5）
		第四部分　新闻中心（2003.5—2015.12）
HBYT–JCJ–1–29	第二十九卷	第一部分　水电指挥部（1976.4—1981.9）
		第二部分　水电厂（1981.9—2015.12）

续表

编号	卷号	卷名
HBYT–JCJ–1–30	第三十卷	第一部分　华北石油会战指挥部供应指挥部（1976.3—1981.9）
		第二部分　华北石油管理局器材供应处（1981.9—2008.2）
		第三部分　华北油田分公司器材供应处（2008.2—2015.12）
HBYT–JCJ–1–31	第三十一卷	第一部分　通讯处（1976.4—1997.8）
		第二部分　通信公司—华北石油通信公司（1997.8—2015.12）
HBYT–JCJ–1–32	第三十二卷	河北华北石油路桥工程有限公司（2000.2—2015.12）
HBYT–JCJ–1–33	第三十三卷	消防支队（2004.12—2015.12）
HBYT–JCJ–1–34	第三十四卷	公司小车队（1976.3—2015.12）
HBYT–JCJ–1–35	第三十五卷（上）	第一部分　华北石油党校（1977.4—2003.5）
		第二部分　华北石油技工学校（1978.9—1996.11）
		第三部分　华北石油卫生学校（1982.11—2003.5）
		第四部分　华北石油财经学校（1983.9—1996.11）
		第五部分　华北石油教育学院（1983.11—2003.5）
	第三十五卷（下）	第六部分　华北石油中等职业学校（1996.11—2003.5）
		第七部分　华油职业技术学院—渤海石油职业学院（2003.5—2015.12）
HBYT–JCJ–1–36	第三十六卷	第一部分　华北石油技工学校（1976.9—1978.7）
		第二部分　华北石油学校（1978.7—2004.2）
		第三部分　天津石油职业技术学院（2004.2—2015.12）
HBYT–JCJ–1–37	第三十七卷	第一部分　接待处—招待处（1976.2—2008.11）
		第二部分　北戴河石油工人疗养院—职工疗养院—北戴河疗养院（1976.2—2008.11）
		第三部分　招待处（北戴河疗养院）（2008.11—2015.12）